"一带一路"与中国—东盟合作发展研究

2021年第1辑

夏 飞 主编

中国财经出版传媒集团
中国财政经济出版社

图书在版编目（CIP）数据

"一带一路"与中国—东盟合作发展研究.2021年.第1辑/夏飞主编.--北京：中国财政经济出版社，2021.10

ISBN 978-7-5223-0796-1

Ⅰ.①一… Ⅱ.①夏… Ⅲ.①"一带一路"-国际合作-研究 ②自由贸易区-经贸合作-研究-中国、东南亚国家联盟 Ⅳ.①F125 ②F752.733

中国版本图书馆 CIP 数据核字（2021）第 190949 号

责任编辑：闫 娟　　　责任校对：徐艳丽
封面设计：王 颖　　　责任印制：刘春年

"一带一路"与中国—东盟合作发展研究

"YIDAI YILU" YU ZHONGGUO—DONGMENG HEZUO FAZHAN YANJIU

中国财政经济出版社 出版

URL：http://www.cfeph.cn
E-mail：cfeph@cfeph.cn

（版权所有　翻印必究）

社址：北京市海淀区阜成路甲28号　邮政编码：100142
营销中心电话：010-88191522
天猫网店：中国财政经济出版社旗舰店
网址：https://zgczjjcbs.tmall.com
北京财经印刷厂印刷　各地新华书店经销
成品尺寸：185mm×260mm　16开　12.25印张　212 000字
2021年11月第1版　2021年11月北京第1次印刷
定价：48.00元
ISBN 978-7-5223-0796-1
（图书出现印装问题，本社负责调换，电话：010-88190548）
本社质量投诉电话：010-88190744
打击盗版举报热线：010-88191661　QQ：2242791300

名誉顾问　　黄伟京　苏道俨

学术顾问（以姓氏笔画为序）
　　　　　　　万俊毅　邓大松　吴崇伯　宋　则
　　　　　　　钟昌标　桑百川　黄少安　章　元
　　　　　　　揭筱纹　彭建刚　谢家智

编辑委员会
主 任 委 员　关　礼　韦春北　夏　飞
副主任委员　黄绪全　潘　慧　高进水
委　　　员　李开林　龚三乐　张建中　邓文勇　蒙　强
　　　　　　　霍　宏　邓小莲　胡德期　张晓彪

主　　　编　夏　飞
副 主 编　潘　慧
执行副主编　龚三乐　李开林

主 办 单 位　广西财经学院
　　　　　　　广西财政学会

版权声明

　　本刊已许可中国知网等国内外检索期刊和文献数据库以数字化方式复制、汇编、发行、信息网络传播本刊所刊发的论文，有权将本刊所刊发论文的全部或部分内容制成或委托第三方制成光盘版或在本刊及本刊合作的网站上或本刊授权的其他媒介上发表或发行。文章录用后将向作者赠送样刊，著作权使用费与样刊出版费、印刷费、邮寄费等费用相抵，不再另行支付。

　　所有署名作者向本刊提交文章发表之行为视为同意上述声明。凡不同意网络传播或被收录、摘录、转载或翻译成他国文字发行的作者，请在来稿时书面声明，本刊将做适当处理。

目录

中国—东盟合作

1 "一带一路"倡议下中国对柬埔寨的援助：背景、特征与展望

/江 涛 张引娣

15 生态健康视角下老挝农业保险发展研究
——基于日本与中国台湾地区农业保险发展的比较与启示 /廖皓杰 曾 鸣

30 中国对马来西亚水果出口贸易的现状、问题及对策研究 /胡绍雨 蒋镇徽

42 RCEP框架下中国与东盟农业科技合作的成效、问题及对策

/邱书钦 王延青

52 "一带一路"背景下中国—东盟高等教育合作的运行机制研究

/蓝 勋 夏国恩 杨 琴

65 我国会展企业开拓东盟市场的机遇和策略
——以CAFTA升级版背景下广西品牌展览会为例 /钟 颖 鄂筱曼

77 基于贸易依存度的中国与东盟贸易空间规划优先级分析 /李 伟 周晓寒

89 广西壮文化与东盟各国文化交流途径探析 /谭 晶 申 波

"一带一路"合作

99 "一带一路"格局下中国电信运营商的国际合作
——电信经济学的视角 /文志成

115 "一带一路"视域下陇南市经济发展的思考 /左成林

金融保险

127 从金融行业服务现状看保险领域的寿险战略 /张 屹

135 跨境人民币结算对桂越贸易的影响
　　——基于贸易引力模型的研究　　　　　　　　　　　　/莫理宁

财政税收

146 基于米歇模型的中国企业跨国并购税务风险研究
　　——以广垦橡胶集团并购泰华树胶公司为例　　/池昭梅　周柳言　吴语伦

产业经济

160 新冠肺炎疫情对中国医药用品全球价值链的影响　　/吴锐泽　闫云凤

区域经济

177 邕钦北防城市群打造广西国际海洋"两会一节"的思考　/钟　颖　鄂筱曼

中国—东盟合作

"一带一路"倡议下中国对柬埔寨的援助：背景、特征与展望*

江 涛 张引娣

(中央财经大学 政府管理学院，北京 100081)

摘 要：柬埔寨是中国重要的、友好的邻居。新中国成立以来，中国向柬埔寨提供了大量援助。"一带一路"倡议提出后，中国对柬埔寨的援助总量保持稳定，坚持基础设施建设援助优先，数量快速增长，援助的深度和广度进一步提高。同时加强了农业部门援助，更加重视教育等方面的软援助。中国对柬埔寨的援助密切了两国的政治和经济关系，促进了柬埔寨的经济发展，取得了多赢效果。同时，在援助中还存在着数据和程序不够透明、个别项目与柬埔寨国情结合不紧密等不足。展望未来，中国和柬埔寨应该共同努力，打造中柬命运共同体。

关键词：一带一路 对外援助 柬埔寨 新型合作

[中图分类号] F114.4　　[文献标志码] A　　[文章编号] (2021) 01 - 0001 - 14

中国与柬埔寨的关系源远流长。1958 年 7 月 19 日中国和柬埔寨正式建交，两国关系长期保持友好。2010 年 12 月，两国建立全面战略合作伙伴关系。2019 年 4 月，两国签署《中华人民共和国政府和柬埔寨王国政府关于构建中柬命运共同体行动计划（2019—2023）》，双边关系进入新的发展阶段，柬埔寨已经成为中国推动"一带一路"建设的重要国家。

---

* [基金项目] 本文为中央财经大学 2021 年"红色擎，龙马行"教师"思政 +"专项支持基金项目《新时代习近平构建人类卫生健康共同体思想与实践研究》(SZJ2106) 的阶段性成果。

[作者简介] 江涛，男，中央财经大学政府管理学院副教授，研究方向：经济外交、对外援助；张引娣，女，中央财经大学政府管理学院学生。

一、中国对柬埔寨的援助历史回顾（1953—2012 年）

1953 年 11 月，柬埔寨王国宣布独立。柬埔寨独立不久，中国开始向柬埔寨提供力所能及的援助。

（一）物质技术援助为主、服务国家政治需要的战略性援助时期（1953—1989 年）

1956 年 2 月，西哈努克亲王首次访问中国，中国红十字会向金边水灾捐赠人民币 8 万元①。1956 年 6 月 21 日，中国和柬埔寨签订了中华人民共和国政府和柬埔寨王国政府关于经济援助的协定和实施经济援助协定的议定书。根据协定的规定，中国将在 1956 年和 1957 年内无偿地给予柬埔寨物资和商品，共值八亿柬元，折合八百万英镑。

1958 年 2 月，中国和柬埔寨王国签署了关于延长 1956 年经济援助协定两年期限的换文②。1960 年，两国又签署了关于将中国和柬埔寨之间的贸易协定和支付协定延长到 1961 年 6 月 16 日，将中国经济援助协定延长到 1962 年 6 月 21 日的问题的换文③。至 1963 年底，中国援助的纺织厂、胶合板厂、造纸厂建成投产。1964 年和 1965 年，两国两次签订了援柬军事物资和装备的议定书，1965 年两国签署了文化及科学、技术合作协定④。据不完全统计，1956—1969 年，中国对柬埔寨的援助全部为无偿援助，共计 2 亿多元人民币的经济援助和 3600 万元人民币的军事援助⑤。

两国在这一阶段的合作以官方为主，中国对柬埔寨的援助也以无偿援助为主，合作内容集中于物质和技术方面。就中国的援助动机和目的来看，具有很强的政治色彩，直接目标是帮助柬埔寨发展民族经济、增强自力更生的能力，而最终的目的是削弱美国的影响和干涉，使柬埔寨能坚定自己的选择，继续奉行和平、中立和不结盟的外交政策，从而有助于扩大和巩固东南亚的和平中立地区⑥。

---

① 薛力，肖欢容. 中国对外援助在柬埔寨 [J]. 东南亚纵横，2011（12）：25.
② 中华人民共和国外交部. 中华人民共和国条约集 [M]. 北京：世界知识出版社，1958：91.
③ 中华人民共和国外交部. 中华人民共和国条约集 [M]. 北京：世界知识出版社，1958：116.
④ 李晨阳，瞿健文，卢光盛，等. 柬埔寨 [M]. 北京：社会科学文献出版社，2005：365.
⑤ 王泰平. 中华人民共和国外交史（第二卷）1957—1969 [M]. 北京：世界知识出版社，1998：53.
⑥ 张勉励. 中国对柬埔寨经济技术援助的历史探析（1956—1970）[J]. 中国浦东干部学院学报，2014（1）：111.

1970—1989年是柬埔寨国家发展的特殊时代。在这一时期，中国对柬埔寨的援助主要以军事援助为主，经济援助几乎完全停止。仅1970年，中国运往柬埔寨的军用物资就达400吨，卡车50辆。中国援助的这些军用物资极大地帮助了柬埔寨人民抗击国内的独裁统治和外国的军事入侵[①]。

（二）基础设施建设为主、服务两国经贸合作需要的发展性援助时期（1990—2012年）

20世纪90年代以后，柬埔寨的政治和经济发展重新走上正轨。柬埔寨联合政府于1993年11月组建后，中国通过无偿援助和优惠贷款对柬埔寨的基础设施、文化、农业、医疗等领域进行援助，合作领域不断拓宽，合作形式不断丰富。

根据柬埔寨政府的数据，1993—2012年，中国对柬埔寨的援助总额约为146164.8万美元，约占柬埔寨接受援助总额的10.5%。1992—2003年中国的援助额不多，占援助总额的百分比也不高，1993年最低，只有87.1万美元，占柬埔寨接受援助总额的0.27%，2001年最高，但也只有1632.5万美元，占柬埔寨接受援助总额的3.46%。2004年后，中国对柬埔寨的援助额急剧增长，2004年约为3000万美元，到2009年突破1亿美元。2012年，中国对柬埔寨的援助额达到4亿美元，占柬埔寨接受援助总额的比例超过30%（见表1）。

表1　　　　　　　　1992—2012年中国对柬埔寨的援助

年份	中国对柬埔寨的援助总额（万美元）	柬埔寨接受援助总额（万美元）	中国援助占比（%）
1992	91.2	25018.3	0.36
1993	87.1	32189.1	0.27
1994	708.9	35804.5	1.97
1995	312.9	51332.0	0.60
1996	1085.0	51808.2	2.09
1997	949.6	38318.8	2.47
1998	1434.5	43328.0	3.31
1999	299.4	39971.0	0.74
2000	261.0	46681.3	0.56
2001	1632.5	47184.2	3.46

---

① 宋梁禾，吴仪君. 中国对柬埔寨的援助：评价及建议［J］. 国际经济合作，2013（6）：55.

续表

年份	中国对柬埔寨的援助总额（万美元）	柬埔寨接受援助总额（万美元）	中国援助占比（%）
2002	572.3	53092.3	1.07
2003	557.3	53950.7	1.06
2004	3247.0	55539.2	5.84
2005	4663.8	60995.3	7.64
2006	5323.7	71324.1	7.46
2007	9244.6	77746.3	11.9
2008	9540.8	97852.3	9.75
2009	11469.7	100019.8	11.46
2010	15413.0	110579.9	13.94
2011	33398.5	123527.5	27.03
2012	46072.0	149971.9	30.72
总计	146164.8	1384968.0	10.55

数据来源：Cambodian Rehabilitation and Development Board Council for the Development of Cambodia, "Cambodia Effective Development Cooperation and Partnerships Report 2015".

这一时期，中国对柬埔寨的援助主要是优惠贷款，主要援助交通和农业部门。2005 年，中国对柬埔寨的援助总额为 4663 万美元，其中贷款为 3353 万美元，占 71%，对交通部门的贷款为 1524 万美元，占贷款的 45%。2010 年，中国对柬埔寨的援助总额为 1.38154 亿美元，交通部门获得 1.2197 亿美元的援助，占 87%[①]。

20 世纪 90 年代以来，随着中国对外开放的逐步加深以及柬埔寨国家发展逐步走上正轨，两国关系中政治因素和意识形态因素逐渐淡化，经济合作成为两国关系的主轴。与中国对柬埔寨援助的第一个时期不同，中国这一时期对柬埔寨的援助是以经济合作为导向，服务于中国对外开放以及"走出去"战略。

二、"一带一路"倡议下中国对柬埔寨的援助：变化与特点

2013 年，中国提出"一带一路"倡议。该倡议一经提出，就得到了柬埔寨的热烈响应。对于中国和柬埔寨来说，"一带一路"为两国关系进一步发展提供

---

① The Cambodian Rehabilitation and Development Board of the Council for the Development of Cambodia, "The Cambodia Development Effectiveness Report 2007, 2008, 2010, 2011".

坚实平台，两国之间的合作得到迅速发展。柬埔寨首相洪森在2017年指出，"一带一路"倡议是一个伟大的构想，不仅有益于中国人民，对本地区和全世界都是好事。柬埔寨很显然也从中国的经济社会快速发展中获益。随着"一带一路"倡议的推进，柬埔寨将会从中获得更多的好处[①]。

在"一带一路"倡议下，中国对柬埔寨的援助呈现出以下几个方面的变化与特点。

（一）中国对柬埔寨的援助在经历高速增长后进入调整期，但是总量保持稳定，继续保持柬埔寨最大援助国的地位

2009年以后，中国对柬埔寨的援助突破1亿美元，到2012年突破4亿美元。2014—2018年，中国对柬埔寨的援助略有下降，但是每年依然保持在大约3—4亿美元的规模。2019—2020年的初步统计和承诺的中国对柬埔寨的援助额也超过4亿美元，2021年中国对柬埔寨的计划援助额超过2.5亿美元（见表2）。

表2　　　2006—2021年中国对柬埔寨的援助总额　　　单位：百万美元

年份	2006	2007	2008	2009	2010	2011	2012	2013
援助额	53.2	92.4	95.4	114.7	154.1	331.9	460.7	436.6
年份	2014	2015	2016	2017	2018	2019	2020	2021
援助额	347.8	339.4	307.1	415.7	353.0	496.2	421.5	257.3

数据来源：2006—2009年数据来Cambodian Rehabilitation and Development Board Council for The Development of Cambodia, "Development Cooperation and Partnerships Report 2018"；2010—2021年数据来自Cambodian Rehabilitation and Development Board Council for The Development of Cambodia, "Development Cooperation and Partnerships Report 2020".

中国对柬埔寨的援助高于法国、德国、英国、日本、美国等发达国家，继续保持柬埔寨最大援助国的地位（见表3）。

表3　　　2014—2020年中国与其他国家对柬埔寨的援助总额　　　单位：百万美元

国家	2014年	2015年	2016年	2017年	2018年	2019年	2020年
法国	59.454	63.314	32.136	90.796	78.894	207.804	258.470
德国	29.804	25.790	46.939	38.377	40.463	24.867	25.552
英国	0.072	0.169	1.596	2.286	1.155	0.930	0.102

---

① 黄玉琦，李兵兵. 柬埔寨首相洪森："一带一路"倡议是伟大构想 对全世界都是个好事［EB/OL］.（2007-05-19）［2021-08-04］. http://www.people.com.cn/n1/2017/0519/c32306-29286951.html.

续表

国家	2014年	2015年	2016年	2017年	2018年	2019年	2020年
澳大利亚	64.945	55.942	51.850	58.257	49.168	38.798	29.133
加拿大	5.694	3.754	3.166	3.434	3.068	1.987	0.968
中国	347.790	339.384	307.198	415.777	353.029	496.183	421.560
日本	111.420	110.363	119.678	146.394	175.415	192.730	336.521
美国	91.606	100.966	77.867	93.183	94.836	59.626	43.926

数据来源：Cambodian Rehabilitation and Development Board Council for The Development of Cambodia, "Development Cooperation and Partnerships Report 2020".

（二）基础建设援助优先，数量快速增长，援助的深度和广度进一步提高

基础设施发展和区域连通性是柬埔寨加入"一带一路"倡议的核心利益之一。柬埔寨每年需要多达7亿美元来发展道路、桥梁、电网和灌溉系统等基础设施，以维持经济高速增长[1]。

2013年以来，在"一带一路"倡议背景下，中国对柬埔寨的基础设施建设援助无论是在数量还是在深度和广度上都有了快速提高。截至2020年，中国对柬埔寨交通部门的援助总额突破14亿美元，基本上集中在道路基础设施建设领域（见表4）。而根据柬埔寨官方统计，截至2019年1月，中国政府已向柬埔寨政府提供了总值约25.81亿美元（约合175.7亿人民币）的援助和优惠贷款，用于柬埔寨基础设施建设，如道路、桥梁等。中国向柬埔寨提供无偿援助和优惠贷款修建的道路和桥梁超过3000公里[2]。

表4　　2013—2020年中国对柬埔寨援助中交通部门资金　　单位：万美元

年份	交通管理与政策	道路基础设施与运输	水利基础设施（港口）	柬埔寨交通部门接受的援助总额
2013		25785.261	439.239	37861.451
2014		17720.062		30914.595
2015		17378.251		28654.642
2016		10395.457		19068.700
2017		15474.780		26786.469

---

[1] Zhang Dongmiao. Cambodia to focus on infrastructure development at forthcoming B&R forum: PM [EB/OL]. (2017-04-06) [2021-08-04]. http://news.xinhuanet.com/english/2017-04/06/c_136187164.htm.

[2] 吕栋. 柬埔寨官员：中国援柬兴建逾3000公里道路桥梁 [EB/OL]. (2019-01-23) [2021-08-04]. https://www.guancha.cn/internation/2019_01_22_487840.shtml.

续表

年份	交通管理与政策	道路基础设施与运输	水利基础设施（港口）	柬埔寨交通部门接受的援助总额
2018	272.349	17885.963		30278.418
2019		21406.173		34784.813
2020		18079.423		48898.555
合计	272.349	144125.37	439.239	257247.643

数据来源：柬埔寨发展理事会，http://odacambodia.com.

在中国援助柬埔寨的基础设施建设中，乡村道路项目是一个标志性项目。该工程分为两期。第一期工程于2017年7月开工，2019年4月10日竣工，项目含6条道路及1座桥梁，分别位于磅士卑省、磅清扬省、磅同省和磅湛省4个省份。在该项目实施前，沿线道路狭窄、雨季泥泞不堪且通车条件极差。在该项目完工后，沿线农村道路得到了巨大改善。乡村道路项目改变了沿线群众的生活、生产方式，有利于帮助柬埔寨农村实现脱贫。乡村道路项目不仅促进了柬埔寨互联互通，更进一步加深了中柬传统友谊[①]。

（三）加强农业援助，并成为双方合作的亮点

农业在柬埔寨经济中发挥着至关重要的作用。2015年，农业对柬埔寨国内生产总值的贡献超过28%。农业对于柬埔寨人民的生活至关重要，根据2013年《柬埔寨农业普查》的统计数据，大约85%的柬埔寨农村家庭从事与农业有关的某种形式的活动[②]。

在柬埔寨所制定的第四阶段"四角战略"中，柬埔寨政府希望通过"四角战略"提升柬埔寨农业多样性，提高农业产量，以此促进柬埔寨的经济发展。中国作为农业大国，在农业发展过程中积累了诸多经验。在"一带一路"倡议下，加强农业合作成为中柬双方展开合作的应时之举。

根据柬埔寨发展理事会提供的数据，2013—2019年，中国对柬埔寨的农业部门援助以贷款为主（见表5），援助额占援助总额的比重分别为24%、29%、26%、18%和18%。主要以农业水利和灌溉为主。

---

① 毛鹏飞.中国援柬埔寨乡村道路项目一期工程举行通车仪式［EB/OL］.（2019-05-29）［2021-08-04］.http://www.gov.cn/xinwen/2019-05/29/content_5395572.htm.

② Mark Grimsditch. Chinese Agriculture in Southeast Asia: Investment, Aid and Trade in Cambodia, Laos and Myanmar. ［EB/OL］.（2017-07-29）［2021-08-04］. https://th.boell.org/sites/default/files/hbs_agriculture_scoping.pdf.

表5　　2013—2019年中国对柬埔寨农业部门的援助

		中国对柬埔寨农业部门的援助（万美元）	中国对柬埔寨援助总额（万美元）
2013年	无偿援助	40	40
	优惠贷款	10682.9	43621.6
2014年	无偿援助		
	优惠贷款	9216.5	31813.0
2015年	无偿援助		4464
	优惠贷款	8747.2	33492.1
2016年	无偿援助		3382
	优惠贷款	4850	26193.1
2017年	无偿援助		916.1
	优惠贷款	4025.5	21435.9
2018年	无偿援助		
	优惠贷款	4938.114	
2019年	无偿援助		
	优惠贷款	6788.829	

数据来源：柬埔寨发展理事会，http://odacambodia.com.

中国的农业援助支持了柬埔寨的几大灌溉工程建设，其中包括用于支持贡布的Prek Stung Keo水资源开发额度为人民币291000000元人民币（约4650万美元）的优惠贷款项目、贷款额为329750000元人民币（约5272万美元）的斯坦河流域水资源开发项目以及额度为99283600美元的马德望多功能水坝项目①。中国是柬埔寨稻米的重要进口国，由于现有公共仓储设施无法满足日益增长的稻米仓储需要，柬埔寨制定的百万吨稻米出口目标无法实现。2017年11月13日，中国和柬埔寨签署了《柬埔寨稻谷生产和大米出口促进项目谅解备忘录》。2019年6月20日，中信建设集团与柬埔寨签署该项目的工程总承包合同，合同金额约3.2亿美元②。

"中柬农业促进中心"是中国政府援助柬埔寨的农业项目，资金总额达670万美元，是目前中国政府在柬埔寨最大的农业技术援助项目。该项目采取了对外

---

① Mark Grimsditch. Chinese Agriculture in Southeast Asia：Investment，Aid and Trade in Cambodia，Laos and Myanmar.［EB/OL］.（2017-07-29）［2021-08-04］. https：//th.boell.org/sites/default/files/hbs_agriculture_scoping.pdf.

② 亚太地区事业部.柬埔寨促进稻谷生产和大米出口项目正式签约［EB/OL］.（2019-06-21）［2021-08-04］. http：//www.cici.citic.com/content/details_39_2209.html.

援助和商业合作的混合模式——利用国家援助资金运营三年，再通过广西福沃得公司的市场化运作持续运营十五年。中柬力图把"中柬农业促进中心"打造成中国与柬埔寨、中国与东盟的农业技术合作与交流的长久固定平台，为推动中国与东盟的农业技术合作、农业文化交流、促进企业的项目合作与双边农产品贸易积极发挥民间桥梁作用①。

（四）中国更加重视对柬埔寨软援助，持续加强教育援助

2014年之前，中国对柬埔寨的教育援助很少（2006年为37.6万美元，2009年为8.1万美元），但是在2015年之后快速增加，2015年为446.4万美元，2017年达到了825.25万美元（见表6）。这表明，"一带一路"倡议提出后，中国政府开始加大对教育援助的投入。

表6　　　　2006—2019年中国对柬埔寨的教育援助　　　单位：百万美元

年份	2006	2007	2008	2009	2010	2011	2012
援助额	37.6	0	0	8.1	0	—	0
年份	2013	2014	2015	2016	2017	2018	2019
援助额	0	0	446.435	338.249	825.25	0	387.958

数据来源：柬埔寨发展理事会，http://odacambodia.com。

注：2011年数据缺失。

教育设施建设是中国对柬埔寨教育援助的主要形式，柬埔寨桔井大学就是其中的典型案例。柬埔寨桔井大学项目建造费用为1200万美元，其中1000万美元是由中国政府提供无偿援助，其余200万美元是来自桔井省高等教育基金会的资金。柬埔寨桔井大学于2018年4月正式启用，是柬东北地区第一所公立综合性大学，为柬东北地区开展高等教育奠定了坚实基础，有利于促进当地教育事业发展和培养现代化人才②。

2019年6月，中国援助柬埔寨教育环境与设施改善项目开工。项目所涉及的学校分布于金边、磅湛和干丹省，包含26所高中和1所培训学校，拟建造23栋

---

① Chan Muyhong. China to fund farming centre [EB/OL]. (2014-12-24) [2021-08-04]. https://www.phnompenhpost.com/business/china-fund-farming-centre?__cf_chl_jschl_tk__=1acd626f3ad9db29d01f1429f3ac4e8240a786e2-1589295467-0-Ad6UqlonQV-61SI10BF1GaWknV0-Oy-mQuCms3w4bmciE9ojau8hQSPnxg0SVPisa4eMS-DvNdIIlhvT-g8Wgw66mTpzlXNiDAizj8F4rxXiVkIw6KkOaM777oGe-XwHSgsZWywOSVJu_G1msqHpmh26 6iIyeNrih7XpL6BG4Y2IMY_SIX7hjqLvanxLf0V1tKbpX2a9p0DppikXJpq7fS_j2uG6qw2cDDrjXKFHAYGeU5KKiX TkRciAea8Gelu02D0rUFH8wsF1sUF10i1TtVNyqEx_xWtVQ8opkxtpQE--g0-ZroY7liv5GYY5u9YrA.

② 毛鹏飞. 中国援建的柬埔寨桔井大学正式启用 [EB/OL]. (2018-04-25) [2021-08-04]. http://www.xinhuanet.com/world/2018-04/25/c_1122742903.htm.

教学楼、17栋实验办公综合楼、1栋宿舍及足球场、篮球场、水井等基础设施[①]。

另外，中国通过提供各种奖学金，吸引柬埔寨学生来华学习、参加培训或者实习活动，支持中国和柬埔寨青年的跨文化教育活动，还向柬埔寨派遣了大量志愿者，协助当地培训教师、教授汉语或建设学校。

（五）在新型冠状病毒肺炎疫情暴发后，中柬守望相助，共同抗疫，携手应对这场公共卫生危机

中国出现新型冠状病毒肺炎疫情后，柬埔寨国家领导人积极表达对中国的慰问之情，并向中国提供帮助。2020年2月5日，在中国抗击疫情的紧要时刻，柬埔寨首相洪森决定临时访问中国，以特殊的方式表达对中国的支持。

柬埔寨暴发新型冠状病毒肺炎疫情后，中方向柬派出医疗专家组，分享抗疫和诊疗经验，援助抗疫物资和捐款。柬埔寨则是首批得到中国抗疫援助的国家之一。2020年3月17日，在柬埔寨疫情暴发的初期，中国就以最快速度援助柬埔寨2000人份新冠病毒检测试剂盒。3月23日，中国抗疫医疗专家组一行7人抵达金边，随机还有8.1吨中方援助医疗物资。此后，中国政府持续向柬埔寨提供各种帮助。

中国民间组织在柬埔寨的抗疫行动也是表现积极。2020年4月，中华慈善总会蓝天救援赴柬埔寨抗疫援助队在15天的时间里开展了大量的援助工作，在车站、广场和医院等场所进行集中消杀，为当地防疫工作者提供培训指导，捐赠了价值130余万元的医用口罩等防疫物资和1万册新冠肺炎防控方案手册。

三、中国对柬埔寨的援助：成果与不足

（一）中国对柬埔寨援助的成果

1. 促进了柬埔寨经济发展，改善了柬埔寨民生

柬埔寨是东盟国内生产总值增长最快的国家之一。2008—2018年，柬埔寨国内生产总值保持平均7.7%的年增长率，2015年柬埔寨已从贫困国家变为中等

---

① 中国驻柬埔寨经商参处. 中国援助柬埔寨教育环境与设施改善项目开工［EB/OL］.（2019-06-27）[2021-08-04]. http://www.caexpo.org/index.php?m=content&c=index&a=show&catid=120&id=235639.

偏低收入国家①。

外部的援助是促进柬埔寨经济快速增长的重要原因之一。柬埔寨内战结束后，百废待兴，经济极端落后，外援及时弥补国内建设资金不足，并带来大量急需物质与技术，其作用较为直接和明显②。中国的援助，主要用于基础设施建设、电力能源建设及农业的灌溉系统建设，这些援助刺激着柬埔寨经济的发展③。柬埔寨首相洪森指出，如果没有中国的援助，柬埔寨现在怎么会有近3000公里的公路和跨河大桥。中国对柬埔寨基础设施建设的帮助大大促进了柬埔寨经济的发展④。

2. 通过援助带动了中柬两国的经贸合作

20世纪90年代以来，中国和柬埔寨的经济关系迅速提升。"一带一路"倡议提出后，中柬的经济合作更加密切。中国对柬埔寨的援助多数是优惠贷款，这些贷款不仅直接促进了柬埔寨经济的发展，还进一步带动了中国对柬埔寨的投资。

中国是柬埔寨最大外资来源国和第一大贸易伙伴。2020年10月，中柬签署双边自贸协定，这是柬对外签署的首个双边自贸安排。2020年中柬双边贸易额达95.6亿美元，同比增长1.4%。其中，中方出口额为80.6亿美元，同比增长0.9%，进口额为15亿美元，同比增长3.7%。截至2020年，中国企业在柬埔寨累计签订承包工程合同额326.2亿美元，完成营业额191.5亿美元。2020年，中国对柬埔寨非金融类直接投资88.7亿美元⑤。

通过中国和柬埔寨的贸易、直接投资和援助数据（2015—2019年）可以看出，三者基本呈现正向关系，在一定程度上表明援助对直接投资以及两国贸易的促进作用（见表7）。

表7　2015—2019年中国和柬埔寨的贸易、直接投资与援助数据

年份	中国和柬埔寨贸易额（亿美元）	中国对柬埔寨直接投资（万美元）	中国对柬埔寨援助额（百万美元）
2015	44.32	41968	339.384

---

① 赵益普，林芮. 柬埔寨力促经济持续增长 [N]. 人民日报，2019-05-24 (16).
② 郑国富. 外贸、外资、外援与柬埔寨国内经济增长关系的实证研究 [J]. 经济论坛，2014 (4)：165.
③ 黄文光. 中国对柬埔寨的援助研究（1993—2015）[D]. 昆明：云南大学，2017：29.
④ 毛鹏飞. 专访：中国共产党领导中国取得伟大成就——访柬埔寨首相洪森中国外交部 [EB/OL]. (2019-09-16) [2021-08-04]. http://www.gov.cn/xinwen/2019-09/16/content_5430355.htm.
⑤ 中国外交部. 中国同柬埔寨的关系 [EB/OL]. (2021-3-30) [2021-08-04]. https://www.fmprc.gov.cn/web/gjhdq_676201/gj_676203/yz_676205/1206_676572/sbgx_676576/.

续表

年份	中国和柬埔寨贸易额（亿美元）	中国对柬埔寨直接投资（万美元）	中国对柬埔寨援助额（百万美元）
2016	47.59	62567	307.198
2017	57.9	74424	415.777
2018	73.9	77834	353.029
2019	94.3	74625	496.183

数据来源：中国和柬埔寨贸易额及中国对柬埔寨直接投资来自商务部编辑的《对外投资合作国别（地区）指南：柬埔寨（2020版）》；中国对柬埔寨援助额数据来自Cambodian Rehabilitation and Development Board Council for The Development of Cambodia, "Development Cooperation and Partnerships Report 2020".

3. 提升了两国的政治互信，加强了双方的多领域合作

2010年12月，中国和柬埔寨建立全面战略合作伙伴关系。"一带一路"倡议提出以后，柬埔寨也是最早表示欢迎和积极参与的国家之一。2019年4月，两国签署《中华人民共和国政府和柬埔寨王国政府关于构建中柬命运共同体行动计划（2019—2023）》，双边关系进入新的发展阶段。柬埔寨首相洪森曾经多次访华。2020年2月，在中国抗击新型冠状病毒肺炎疫情的特殊时刻，柬埔寨首相洪森再次访华，凸显了两国关系的重要性，表达了对中国抗击疫情的支持。中国国家主席习近平在2016年对柬埔寨进行了访问，在当地主流报纸《柬埔寨之光》发表署名文章，用"肝胆相照的好朋友""情同手足的好邻居"来形容中柬友谊。

除了双边政治关系不断巩固和提升以外，在多边场合，中国和柬埔寨也给予对方有力支持。正如中柬2016年联合声明指出的那样，双方同意进一步加强在联合国、亚欧会议、东亚合作、澜沧江—湄公河合作等多边框架内的协调与配合，继续在涉及各自重大利益问题上保持密切、及时和有效沟通，相互予以有力支持。

（二）中国对柬埔寨援助的不足

1. 中国对柬埔寨的援助还不够透明，国际社会和国内部分民众对中国的援助依然存在疑虑

中国是国际援助体系的重要行为体，中国的对外援助有自己的特色，中国的对外援助不能完全照搬发达国家或者经合组织的援助模式。但是，有步骤地在合适时机进一步提高中国对外援助的透明度十分必要。而作为提高透明度的第一步，可以逐步地公布中国对外援助的具体数据。以中国对柬埔寨的援助为例，由于中方从来没有公布对柬埔寨援助的具体数据，人们只能通过新闻报道和外部研

究机构的数据来了解中国的援助数额,这样不可避免地会引起外界和国内部分民众的质疑之声。

实际上,柬埔寨发展理事会定期公布包括中国在内的多个伙伴方的援助情况,研究人员和普通民众基本上可以比较容易地通过该网站了解中国对柬埔寨援助的详细情况。在这种情况下,中方主动公布对柬埔寨援助的具体情况,不仅能够回应个别国家对中国援助的无端指责,也能在很大程度上赢得国际社会和国内民众的理解和支持。

2. 中国的部分援助有时忽视了柬埔寨的国内情况,容易造成水土不服

整体来看,中国对柬埔寨的援助项目十分重视质量,得到了柬埔寨的高度评价。但是,某些项目由于功课没有做充分,在项目进行和项目结束后带来了不少问题。以中国对柬埔寨援助的7号公路为例,该项目于2004年11月18日正式开工,2008年4月竣工通车。7号公路后期存在不少隐患,不仅是施工,包括设计以及中国标准都存在不适应的状况①。该项目援助额为5亿美元,由资金有限,原计划的设计路程较短,在柬埔寨方面的要求下最大限度地修建了192千米,道路建设比设计标准单薄。由于中方的验收标准与柬埔寨气候条件不符,加上柬埔寨道路超载严重,7号公路在后续运营中就出现了问题。中方为此持续维修了6年②。

四、小结

中国和柬埔寨有着悠久的友好交往历史。新中国建立后,两国关系虽然略有波折,但是总体上保持了良性的发展势头,两国几代领导人也一直保持着良好的关系。"一带一路"倡议提出以来,中柬关系进一步得到了提升。长期以来,中国向柬埔寨提供了大量的援助。

中国与柬埔寨虽然国情差异大,经济社会发展状况不尽相同,但是中柬可以通过"一带一路"的发展纽带,发挥两国政治互信、经济互补、民心互通的优势,共享机遇,共迎挑战,共谋发展,升华两国的传统友谊,打造互利共赢、相互依存的"发展命运共同体",最终结成守望相助的中柬命运共同体,更好地造

---

① 刘锟,龚洁芸. 柬埔寨:从雨林到吴哥窟,上海建工造就的"国家标准" [EB/OL]. (2016-08-02) [2021-08-04]. https://www.jfdaily.com/news/detail?id=26025.
② 张海冰. 中国对外援助的转型和发展——基于柬埔寨和老挝实地调研的观察与思考 [J]. 复旦国际关系评论,2017 (2):6.

福中柬两国人民[1]。

正如习近平主席 2016 年 10 月 12 日在柬埔寨报纸发表的署名文章中所指出的那样，中柬传统友谊历经岁月洗礼和国际风云变幻的考验，始终根深叶茂。有理由相信中柬关系未来会有更大发展。

参考文献

[1] 熊治，廖秋娴. "一带一路"倡议下中国对外援助有效性的研究 [J]. 对外经贸，2019（6）：14-19.

[2] 白云真. 如何有效推进中国对外援助 [N]. 中国社会科学报，2014-08-13（B03）.

[3] 邓艳任. "一带一路"背景下中国对柬埔寨援助研究 [J]. 广东农工商职业技术学院学报，2018，34（1）：18-21.

[4] 黄文光. 中国对柬埔寨的援助研究（1993—2015）[D]. 昆明：云南大学，2017.

[5] 石林. 当代中国的对外经济合作 [M]. 北京：中国社会科学出版社，1989：54.

[6] 张月琦，马早明. "一带一路"背景下中国对柬埔寨教育援助的策略思考 [J]. 广东技术师范学院学报，2018，39（5）：60-66.

[7] 宋梁禾，吴仪君. 中国对柬埔寨的援助：评价及建议 [J]. 国际经济合作，2013（6）：54-58.

[8] 陈世伦. "21 世纪海上丝绸之路"倡议下的中柬关系：对外援助关系下的风险分析 [J]. 南洋问题研究，2016（4）：92-102.

[9] Taidong Zhou. A Blend of "Hard" and "Soft" Assistance：China's Aid to Cambodia [J]. South-south Cooperation and Chinese Foreign Aid，(2018)：95-112.

[10] Xuefei Shi, Paul Hoebink. From Chengdu to Kampala：The Role of Subnational Actors in China's Foreign Aid [J]. Journal of Contemporary China，2020，29（121）：125-140.

---

[1] 陈世伦. "21 世纪海上丝绸之路"倡议下的中柬关系：对外援助关系下的风险分析 [J]. 南洋问题研究，2016（4）：92.

生态健康视角下老挝农业保险发展研究

——基于日本与中国台湾地区农业保险发展的比较与启示

廖皓杰　曾　鸣

（广西财经学院　会计与审计学院，广西　南宁　530003）

摘　要：老挝作为东盟十国之一，是一个以农业为支柱型产业的传统农业国家。本文对生态农业定义、特点进行阐述，分析了生态农业与农业保险两者之间的关系，以日本、中国台湾地区的成功案例作为参考，说明在发展生态农业的背景下，农业保险对分散农业风险有重要的作用。鉴于老挝目前没有相应的农业保险体系，选取了老挝首都万象市农户进行座谈调查，总结出当前老挝农业保险存在的主要问题：农业灾害对农户生产影响较大、农户对农业保险认知度不足、当地政府对农业保险宣传力度不足。提出解决该问题的合理化建议：制定农业保险法律法规、构建多层级农业保险风险保障机制、完善财政补贴措施。

关键词：老挝　生态农业　政策性农业保险

[中图分类号] F33/37　　[文献标志码] A　　[文章编号]（2021）01-0015-15

一、引言

老挝作为东盟成员国，是以农业为主要产业的传统农业国家，老挝发展现代农业，需要向生态农业、有机农业方向发展，打造无污染农业，要做精致农业，需要促进农业的健康发展和保障农民的收益。而农业保险对分散农业风险起到重要的作用，有效保障农业的健康发展。日本、中国台湾地区在生态农业、农业保

[作者简介] 廖皓杰，男，博士，硕士研究生导师，研究方向：东盟财会研究；曾鸣，男，硕士，研究方向：东盟财会研究。

险方面有较为成熟的经验，鉴于老挝目前没有相应的农业保险体系，可以为老挝构建农业保险提供参考。构建老挝农业保险体系，有利于老挝农业向生态农业方向发展，促进老挝农业经济的稳定发展。

二、文献综述

国外不少国家开展农业保险理论研究，并且有着较为长久的历史。国外学者 Valgen（1922）分析了 20 世纪 20 年代早期达科他州和蒙大拿州的火灾保险公司提供的农业保险，并以失败告终。他认为，以市场为导向的农业保险的初步尝试失败了。而学者 Miranda 和 Coble 等人（1991）对保险市场的需求和供给两方面进行分析，说明该市场是失灵的，影响需求的主要因素有感知失灵和不足的有效需求，而系统性风险和信息不对称是抑制供给的主要原因。学者 Bogdan Marzaa，Carmen Angelescu（2015）通过粮食安全与政策性农业保险相结合，归纳概括出农业保险的主要作用：不仅可以帮助食品生产者，还可以帮助食品供应链中的其他参与者；促进管理农业食品价值链中的风险，保持农业收入和保障农业投资的安全性；促进发展中国家农业生产者从自给农业转向可持续农业的工具之一。

根据国外学者的长期的研究，结合我国实际国情，我国学者在此基础上做了更深入的研究。郑俊等（2015）从城市化的角度解释了它如何影响农业保险需求：其一，土地流转将形成规模经营，这将增加对农业保险的需求；其二，农业产业化与农业保险之间的相互作用；其三，人力资本的觉醒，即他们将需要更高的生活质量，从而对不确定因素增加相应的保障措施，也将增加对农业保险的需求。杨恒松（2016）探讨了农业保险在生态农业发展中的必要性和农业保险在生态农业发展中的积极作用，希望农业保险能更好地为发展生态农业提供保障，促进农业经济的健康发展。而高子清等（2016）则通过优质基金分红模式的回归，动员了金融机构的热情，这主要是因为政府资助商业保险公司。保险公司从当年没有风险的种植者支付的保费中返还一定比例的保费，以设立通过投资运营的特殊基金，定期赚取收入并向保单持有人支付股息。这种模式可以在一定范围内提高农业保险的需求热情。

三、生态农业与农业保险

（一）生态农业定义

按照生态学原理和生态经济规律，根据土地形态制定适宜土地的设计、组装、调整和管理农业生产和农村经济的系统工程体系。它要求把发展粮食与多种经济作物生产，发展大田种植与林、牧、副、渔业，发展大农业与第二、三产业结合起来，利用传统农业精华和现代科技成果，通过人工设计生态工程、协调发展与环境之间、资源利用与保护之间的矛盾，形成生态上与经济上两个良性循环，经济、生态、社会三大效益的统一。

（二）生态农业特点

1. 重质优于重量

生态农业充分吸收区域传统农业精华，结合现代科学技术，以多种生态模式、生态工程和丰富多彩的技术类型装备农业生产，使各区域都能扬长避短，充分发挥地区优势，注重农业发展和农产品质量，不以数量作为唯一衡量标准，农产业都根据社会需要与当地实际协调发展。

2. 种植周期长

生态农业通过物质循环和能量多层次综合利用和系列化深加工，种植周期比传统农业要长，这样可以实现经济增值，实行废弃物资源化利用，降低农业成本，提高效益，为农村大量剩余劳动力创造农业内部就业机会，保护农民从事农业的积极性。

3. 可持续性发展

发展生态农业，发展无化肥种植，这样能够保护和改善生态环境，防治污染，维护生态平衡，固碳减排，提高农产品的安全性，将环境建设与经济发展紧密结合起来，向高品质农产品方向发展，需要获得政府在政策优惠、税收减免等方面的支持。

（三）生态农业与农业保险关系

1. 发展生态农业扩大农业风险影响范围

生态农业的发展提高了农业风险水平，扩大了农业风险范围。发展生态农业最终将实现生态、经济和社会效益的统一。仅依靠单一农产业很难实现这一目标，必须通过扩大生态农业的产业链和促进农业工业化来实现这一过程，除了自然风险外，还增加了市场和技术风险。在从传统农业向农业工业化的转变中，经营方式从大型转变为集约经营，生产从小农转变为企业范围的经营，生产从一个部门增加到多个部门。加工、仓储、运输和服务业促进了农业发展，因此农业经营者的风险更加集中、范围更广、规模更大、危害更大。发展生态农业增加农业风险，客观上增加了规避风险的农民对农业保险的需求。

2. 发展生态农业增强农业生产经营主体的保险意识

传统的农业参与者是分散的农民，他们对风险管理和保险的认识还很薄弱。农民的文化素养水平低，再加上小农户的管理规模普遍，投资资金有限，因此，即使受灾，损失也不大，属于可以承受范围。生态农业生产方式下，生产经营的主要参与者主要集中在一些大型农业企业和农村合作经济组织上，他们使用现代商业概念和面向市场的决策方法来经营企业，生产过程中面临的风险越来越大，越来越普遍。在发生灾难的情况下，他们经营的损失是难以弥补的，因此生态农业实际上使人们能够权衡面对并决定采取措施分散风险。

四、老挝农业保险意愿调查及分析

（一）老挝农业保险意愿调查

1. 样本选取

根据有关资料所示，老挝北部大部分地区的农业仍处于刀耕火种的阶段。而相对发达的是东南高原和西部低丘的种植业，但总体发展并不理想。老挝平原地区是老挝经济相对发达的地区，如万象市及湄公河沿岸地区，中部的沙湾拿吉省和南部的占巴塞省是食品和工业产品的主要供应商。从总体上看，老挝农业仍处于繁殖阶段，具有如较低的农业产量，较差的抗灾能力，不稳定的粮食产量特征。

故此，本文选取老挝万象市的农户，进行农户购买农业保险意愿的实地调研，共发放调研问卷130份，收回问卷108份，其中有效问卷100份，问卷有效率为92.59%。实地调研中的农户全部来源于老挝万象市当地农户，其中年龄段在18—27岁占7%，28—37岁占16%，38—47岁占22%，48—57岁占25%，58岁以上占30%。由此看出，实地调研的农户主要集中在中老年人群体。在家庭农业劳动人数方面，以3人或以下为主，占比为75%，而5人以上则是家庭或家族整体承包农场。受访者中，因为地处老挝万象市，耕地主要以稻谷种植为主，其中糯稻占90%，故此接近70%的农户从事糯稻的种植，也有部分种植咖啡等作物。农户农业收入占家庭总收入的比重中，0—20%的占比4%，21%—40%的占比22%，41%—60%的占比35%，60%以上的占比39%。由此得出，大部分的农户农业收入占家庭总收入的比重为41%—60%。样本农户基本情况如表1所示。

表1　　　　　　　　　　样本农户基本情况统计表

项目	细分项	频数	比例
性别	男	64	64%
	女	36	36%
年龄	18—27岁	7	7%
	28—37岁	16	16%
	38—47岁	22	22%
	48—57岁	25	25%
	58岁以上	30	30%
家庭农业劳动人数	0—2人	47	47%
	3人	28	28%
	4人	17	17%
	5人以上	8	8%
从事农作物种类	糯稻	69	69%
	咖啡	19	19%
	其他	12	12%
农户农业收入占家庭总收入的比重	0—20%	4	4%
	21%—40%	22	22%
	41%—60%	35	35%
	60%以上	39	39%
总计		100	100%

资料来源：问卷调查。

2. 农户对农业保险购买意愿情况

本次实地调查，从农业灾害对生产生活带来的影响、农业保险整体认知度、购买农业保险意愿度三个方面对老挝万象市的农户进行调研，经过整理，调查结果如表 2 所示。

表 2　　农户对农业保险认识及购买意愿情况统计表

项目	细分项	频数	比例
农业灾害（如天气状况、病虫害等）损失对生产生活带来影响程度	影响非常大	41	41%
	影响比较大	51	51%
	有影响，但不大	8	8%
农户对农业保险认识程度	从没听说过	30	30%
	几乎不了解	25	25%
	稍微了解	42	42%
	比较了解	3	3%
政府对购买规定的农业保险给予一定比例的保费补贴认知程度	不知道	40	40%
	知道	60	60%
农业保险对分散农业灾害风险的作用认识程度	了解	53	53%
	不了解	47	47%
没有购买农业保险的原因	不了解	49	49%
	没必要投保	33	33%
	损失不严重，自己有能力承受风险	8	8%
进一步了解有关农业保险知识与政策的意愿	愿意	59	59%
	不愿意	41	41%
购买农业保险意愿	愿意	58	58%
	不愿意	42	42%
总计		100	100%

资料来源：问卷调查。

3. 调查结果分析

（1）农业灾害对生产生活带来的影响。在实地调研过程中，在农业灾害损失对生产生活带来影响程度方面，影响非常大和较大占比达到 92%，说明天气状况、病虫害等对于生产生活影响较大。这也体现出农业生产过程的弱质性特征，即严重依赖自然力量，特别是土地、水、阳光等自然因素，并且具有较为薄弱的抵御自然风险能力。故此，这也是构建农业保险的意义所在，农业保险可有效分散农业所带来的高风险性。

（2）农业保险整体认知度。在调研中，农户对农业保险认知程度普遍不是太高，处于从没听说过和几乎不了解状态的占比为55%，稍微了解占比42%。由此可以得出，老挝万象地区的农户对农业保险并非完全陌生状态，有部分农户对其具有一定的认知，但大多数农户仍处于概念上的认知，缺乏深入了解。在政府对购买规定的农业保险给予一定比例的保费补贴认知程度方面，40%的农户表示不知道，超过一半的农户表示知道，说明不少农户虽然了解农业保险，但对于农业保险中政府将给予一定比例的保费补贴认知，依然有相当比例的农户表示不知道，也反映出老挝万象地区政府在对购买规定的农业保险给予一定比例的保费补贴的政策宣传力度不足，在一定程度上，导致农业保险没有得到当地农户的认可，使得农业保险推广不足。最后，农业保险对分散农业灾害风险的作用认识中，了解与不了解比例占比相近，说明当地约一半的人是知晓农业保险，而由于诸如当地政府宣传力度不足、自身购买愿意不强等原因，导致没有参与到农业保险中。

（3）农业保险购买意愿。对于没有购买农业保险的原因，部分农户表示农业灾害损失不严重，自己有能力承受风险，但是大多数农户表示是由于不了解或觉得没必要，说明大多数农户没有足够的农业灾害损失的承受能力，但由于自身对农业保险缺乏了解以及感到没必要投保等原因而没有购买农业保险。但多数农户表示愿意进一步了解有关农业保险知识与政策，说明他们有意愿对农业保险进行进一步深入了解。而最后对于购买农业保险意愿的调查中，表示愿意购买的占比为58%，说明老挝万象地区多数农户对农业保险有一定的需求。

综上所述，通过上述对老挝万象市农户进行农业保险认识及购买意愿实地调查可知，农业灾害损失对生产生活带来影响比较大，且大多数没有承受相应损失的能力，体现农业弱质性特点。当地农户对农业保险认知程度普遍不是太高，略微知道农业保险的作用以及政府相关的补贴政策，而大多数农户表达出想进一步了解农业保险的意愿并愿意购买，反映当地政策对农业保险宣传力度不足，农户参保意识有待加强。

（二）老挝农业保险现状的SWOT分析

SWOT分析法也叫道斯矩阵分析法，是一种综合考虑系统外部环境和内部条件的各种因素，以制定合适的策略和规划的一种分析方法。表3中的"S"代表"strength"，表示事物自身内部具备的优势；"W"代表"weakness"，表示事物自身所存在的劣势；"O"代表"opportunity"，表示事物发展所需的外部机遇；"T"代表"threat"，表示外部威胁与挑战。而"O"与"S"组合形成"SO战略"，具体表示为发挥优势、利用机会；"W"与"O"组合形成"WO战略"，具体表示为克服弱点、利用机会;"S"与"T"组合形成"ST战略",具体表示为利用优势、回避威胁;"W"与"T"组合形成"WT战略",具体表示为降低弱点、规避威胁。本研究基于此原理分析共享财务创新教学模式开展的优势与劣势,以及所面对的机遇与挑战,发现其中的问题并提出相应的对策,以此优化共享财务创新教学模式的构建。

表3　　　　　　　　　　SWOT分析模型

	优势（Strength）	弱点（Weakness）
机会（Opportunity）	SO战略	WO战略
威胁（Threat）	ST战略	WT战略

1. SWOT单项分析

（1）优势（S）。老挝是以自然经济为支柱的传统农业国,对老挝经济发挥着主导作用。农业具有弱质性特点,即极度依赖自然因素、薄弱的抵御自然风险能力以及较高的市场风险,而农业保险是一种常见的农业风险管理体系,但长期以来,老挝国内的农业产业却缺少农业保险。在当今的市场经济条件下,提高分散农业风险能力,从而有效保护农民利益,促进农业可持续发展的重要方式之一是必须优先发展农业保险。故此推行农业保险制度,老挝政府会予以支持。

（2）弱点（W）。老挝经济基础建设较为薄弱,基本没有现代工业,而根据调查统计表数据可知,农业灾害（如天气状况、病虫害等）损失对老挝万象市地区农户生产生活带来的影响较大。目前,老挝在没有现代工业作为支撑的前提下,农户甚至全国受到自然灾害的影响比较大,但农户对农业保险认识程度偏低,对推行老挝农业保险制度造成很多障碍。

（3）机会（O）。根据上文对农业保险认识及购买意愿情况统计表可知,大部分农户想要进一步了解有关农业保险知识与政策的意愿比较高,经过了解后购买农业保险意愿强烈。表明老挝万象地区多数农户对农业保险有一定的需求,农业保险对分散农业风险的重要作用正在逐步得到农户普遍认同,这对老挝农业保险的推行试点有一定的促进作用。

（4）威胁（T）。由于农业保险的回报率较低,保险公司将关注的重点逐步向城市商业活动实施的商业运作,而政府没有制定适当的政策支持,也不能用作法律法规，导致老挝农业保险受到限制。鉴于老挝是一个经济发展水平较低的发展中国家，其金融体系的发展相对较晚，远远落后于经济发达的西方国家，故此，推行农业保险制度可能会有缺少法律支持、保险赔偿制度不明确、补偿金落实不到位等威胁。

2. SWOT交叉组合分析

（1）SO战略。战略目标为发挥优势、利用机会。鉴于老挝是以自然经济为支柱的传统农业国，对老挝经济发挥着主导作用，农业保险对分散农业风险起到重要的作用，有效保障农业的健康发展。在推行农业保险制度时，老挝政府会予以支持，结合老挝样本地区万象市多数农户对农业保险有一定的需求这一机会，有利于促进老挝农业保险推行试点的发展。

（2）WO战略。战略目标为克服弱点、利用机会。由于老挝没有现代工业作为支持，目前农户甚至全国受到自然灾害的影响比较大，但农户对农业保险认识程度偏低，利用老挝样本地区多数农户对农业保险有一定的需求以及农业保险对分散农业风险的重要作用正在逐步得到农户普遍认同这一机会，加大对农业保险的宣传，克服认识问题，树立构建农业保险的信心。

（3）ST战略。战略目标为利用优势、回避威胁。利用老挝是以自然经济为支柱的传统农业国，对老挝经济发挥着主导作用，农业保险对分散农业风险起到重要的作用，政府对农业保险普遍看好这一优势，促进制定农业保险法律法规的进程，规范保险赔偿制度，制定相关补偿金落实制度，从而回避因缺少法律支持等造成的威胁。

（4）WT战略。战略目标为降低弱点、规避威胁。首先针对农户对农业保险认识程度偏低的问题，通过加大对农业保险宣传力度，增加老挝农户对农业保险的认知度，从而推动农业保险的顺利推广。不断完善老挝国内金融市场制度，为政策性农业保险营造良好环境，促进保险制度的健康发展。

五、日本与中国台湾地区农业保险发展经验

日本与中国台湾地区，在生态农业与农业保险发展方面取得较为成功的经验，可以为其他地区的农业保险发展提供参考。

（一）日本与中国台湾地区生态农业发展

在1958年左右，日本工业发展迅速，农业受到工业发展的影响，农业用地

环境污染较为严重，日本政府提出了发展生态农业的设想。日本生态农业主体是农户，在实施中以水土资源精细利用为基本目标，各个地区按照自身的资源禀赋与农业传统，发展特色农业、观光农业和设施农业等现代生态农业，以水利化、机械化及农业服务体系社会化等为支撑，解决劳动力短缺问题，促进城乡一体化发展，提升农村及农业活力。在外部体系上，日本土地改良联合会是其组织支撑，社会团体和农业科研院所为其提供技术支持。

中国台湾地区生态农业方面，推行农产品产销履历制度，确保食品安全农产品产销履历制度是一种从农产品生产、加工、分装、运输到销售的全过程，是一种进行可追溯的、系统性的安全卫生记录制度，包括上游的土壤、水质、生态环境，中游使用的肥料、农药、管理以及下游的整理、加工及品质检验、运销等各个环节的资讯。中国台湾地区的重点是提高农产品的安全水平，加强农药的安全管理和减少肥料的使用。与此同时，加强农田水利的建设，满足经济发展和环境保护的需要，保持水资源和水量，防止水污染，科学配置和利用水资源，提高用水效率。改善和建设当地农田生态系统。

（二）日本与中国台湾地区农业保险对比

1. 农业保险组织机构比较

日本的农业保险体系是与政府和农民组织合作实施的，相关中央政府部门制定规则、开发产品、确定费率并提供各种补贴和再保险服务。农业合作社分为市级与县级两个级别。辖区内的所有农业互助协会必须是农业互助协会联合会的成员，该联合会向协会提供再保险，并提供农业技术指导和其他支持。

台湾地区农业保险体系是以台湾当局为主导，由农民团体（如农会、渔会、农田水利会及农业合作社等）负责业务的具体运营。在这种经营模式下，当局将农业保险视为政策性保险，其主要包括家畜保险和农作物保险。

2. 农业保险运行方式比较

日本是第一个提供农业保险的国家，早在1948年就强制执行了《农业灾害赔偿法》，要求对耕种面积达到一定标准的农民必须参与保险。最初的效果并不明显，政府不得不多次提高担保和补贴水平。随后，日本政府引入了更广泛的田间作物保险，并在不久后增加了温室设施和内部植物保险（自愿保险）。

台湾地区于1973年颁布实施的《农业发展条例》明确规定，农业保险必须委托农民团体办理，且当局必须给予奖励与协助。台湾地区不仅开办了家畜保险，针对农作物保险，台湾当局还通过实行农业天然灾害救助以取代农作物保险，达到分散农业自然灾害风险并补偿农业灾害造成的损失的目的。

六、老挝政策性农业保险体系的构建

（一）建立老挝农业保险体系的意义

根据上文阐述可知，农业保险伴随着商业社会经济发展而逐步发展起来，保证了国家农业再生产的顺利进行，对推动农业可持续发展具有深刻的意义。而老挝属于传统农业国，构建该国的农业保险体系对农民、农村经济、国家都有深刻的实践意义。

1. 农业保险对老挝农户个人的意义

农业保险可以使已参加保险的农户在遭受到农业灾害损失时，在一定的保险责任范围之内获得相应的经济补偿，分散或转移农业风险，以便尽快恢复农业生产，保证了老挝农民生活的稳定有序。

2. 农业保险对老挝农村经济的意义

农业保险有助于稳定老挝农村经济的有序发展，保证了可持续的农业生产，并对农业资源进行有效保护。与此同时，农业保险具有调控老挝农村经济以及稳定农产品物价的作用，由于农业保险的实施可以将农业风险损失的不确定性转化为特定类型的固定农业保险费，故此可以起到降低农业生产成本的作用。农业保险可以帮助农民及时恢复生产，稳定老挝国内农产品价格，避免大幅度的波动，确保老挝社会农产品正常消费。

3. 农业保险对整个国民经济的意义

由于老挝属于传统农业国，农业是老挝国民经济的根本，农业经济的波动会引发老挝国民经济周期性波动。而且，由于农业具有弱质性、高风险性的特点，故此当农业灾害损失发生时，不仅会导致农业经济生产的不稳定，更会使整个国家农业生产处于不稳定状态，而老挝正是传统农业国，农业经济占国民经济总量较大，农业灾害损失对老挝国民经济的影响也更为显著。而农业保险不仅能推动老挝农业生产活动有序进行，而且保障了老挝国民经济的健康发展。不仅如此，农业保险能让农业生产者获得补偿、恢复生产，从而保障了老挝农产品的供给稳定以及价格不会大幅度波动，进而使得老挝国民的社会生活趋于稳定状态。

（二）老挝政策性农业保险体系的构建设计

1. 制定农业保险法律法规

由于农业保险的准公共物品属性明显，需要配套法律法规以保障其实施。农业保险的发展，离不开农业保险相关法律法规的制定及完善。鉴于东盟十国大多数是发展中国家，且经济相对落后，农业产业占经济总量比重较大，但相应农业保险发展却较为缓慢，开办时间较短。首先从制定农业保险法律法规开始，由老挝立法机构制定本国的《农业保险条例》《国家农作物保险法》等法律法规，可以先在湄公河沿岸的万象市及周边、中部的沙湾拿吉省和南部的占巴塞省等全国粮食产品主要供应地开展试点，待条件成熟后再在全国范围内实施。

老挝本国的农业保险法律法规应该明确界定农业保险的政策性和非商业性之间不同的特征以及两者对应保险覆盖的范围，并进一步明确政策性农业保险的定义及性质。与此同时，法律法规也需要明确规定政策性农业保险的具体实施形式及程序，例如：政策性农业保险的具体经营目标、经营原则及组织形式、保险承保范围等，并针对不同险种相应的保险费率以及保险责任进行明确的规定。除此之外，泰国的强制农业保险措施的做法，运用法律法规的形式，对农业收入占家庭总收入达到一定比重的农户进行针对性引导，提高参保率，进而提高农业保险在农业风险保障中的重要战略地位。

2. 构建多层级农业保险风险保障机制

鉴于泰国、菲律宾、马来西亚等东盟国家中负责提供农业保险服务的主要是政府授权的农业保险机构以及政府主导的保险公司，故此，结合老挝国情，应构建由中央政府主导的农业保险机制，即政府—保险公司—承办机构三级风险保障机制。具体而言，第一层级由中央政府主导，向国家农作物保险公司提供再保险业务。中央政府对国家农作物保险公司所销售的农作物保险通过承担再保险责任予以支持，通过农业再保险业务，其主要作用是扩大国家农作物保险公司的承保能力、业务量增加、运营成本降低、分散风险以及保障业务运营的稳定性。第二层级由国家农作物保险公司向各大承办机构提供政策性农业保险业务，同时制定有关规则，进行稽查和监督。第三层级由承办机构直接面向承保人，受理承办业务，开展具体保险事务。通过农业保险三级风险保障机制，促进中央政府、保险公司、承办机构和农民之间关系的发展，切实提高农业保险的抗风险能力，具体农业保险三级风险保障机制如图1所示。

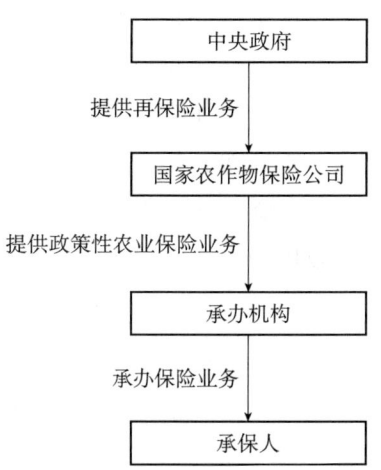

图 1　老挝农业保险三级风险保障机制

3. 完善财政补贴措施

由于农业保险的准公共物品属性，农业保险业务的高风险和高成本表现较为明显，发展农业保险，必然需要国家财政补贴予以扶持。老挝政府可对国家农作物保险公司、承办机构以及农户实行多层次、高额度和重复性的保费补贴，其财政补贴制度结构如图 2 所示。从图 2 可以看出，政府机关为国家农作物保险公司、承办机构以及农户提供政府补助金，以提高农户参与农业保险的积极性。灾害发生前，承办机构向农户收取互助保险费；国家农作物保险公司向承办机构收取保险费；而中央政府提供再保险费。灾害发生后，承办机构向农户提供互助保险费；国家农作物保险公司向承办机构提供保险费；而中央政府提供再保险费作为保底。通过农业保险费补贴制度，有效保障农户农业生产安全，促进农业保险健康发展。

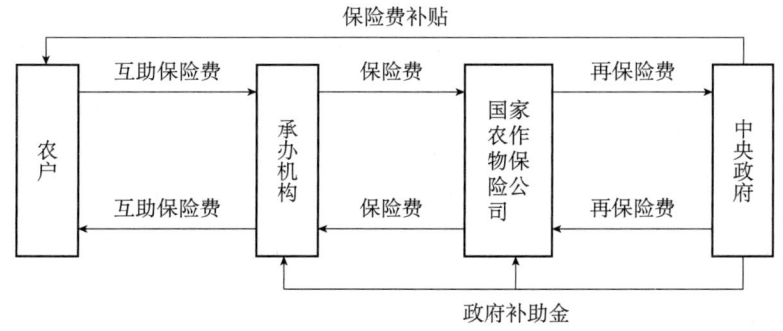

图 2　老挝农业保险费补贴制度结构图

参考日本、中国台湾地区农业保险经验，在公共财政补贴方面，采取了多种中央财政补贴措施，包括农户参保费用补贴，根据实际情况，不同险种具有不同的保费补贴。因此，老挝政府在完善财政补贴措施上，主要从以下三点开展：

首先，可以适当增加对农业保险的补偿金额预算，尤其是增加本国主要农作物的补贴比例，如水稻、玉米、咖啡等，切实分散本国农民农业生产种植风险。结合美国较为成熟的农业保险经验，对主要农作物的补贴比例可达到50%—60%，而湄公河沿岸的万象市及周边、中部的沙湾拿吉省等全国粮食产品主要供应地，补贴比例可达到65%以上。其次，中央财政应针对农户参与农业保险所发生的保费进行补贴，尤其是针对全国粮食产品主要供应地，保费补贴比例可达70%以上，以此提高农户参与农业保险的热情，切实提供老挝本国农户参保率。最后，有鉴于东盟不少国家的农业保险普遍进行小规模险种试点，保险范围有限，且包括泰国在内，农业保险范围普遍不宽广等问题，老挝发展农业保险时，需要增加农业保险险种试点以及扩大相应保障范围，农业保障范围不单单仅限于种植业与养殖业，还可逐步扩大到本国水产品、棉花等农产品，开办更多的险种，增加覆盖面。通过完善老挝财政补贴措施，降低老挝农户参保成本，符合广大农户需求，让老挝农业保险真正推广开来。

七、结语

老挝作为东盟十国之一，是一个以农业为支柱型产业的传统农业国家，但目前没有相应的农业保险体系。本文通过国内外文献综述作为理论依据，并对生态农业定义、特点进行阐述，分析生态农业与农业保险两者之间的关系，通过日本、中国台湾地区的成功案例说明注重生态农业有利于农业保险发展。通过对老挝首都万象市的农户进行座谈调查研究，总结出当前存在的主要问题：农业灾害对农户生产影响较大、农户对农业保险认知度不足、当地政府对农业保险宣传力度不足。针对上述所归纳的问题，详细阐述其他国家农业保险建设状况，结合老挝实际国情，提出解决该问题的合理化建议：制定农业保险法律法规、构建多层级农业保险风险保障机制、完善财政补贴措施。农业保险可有效分散农业风险，降低灾害对农业生产的影响，维护农民收入，推动国家农业活动有序开展。

参考文献

[1] M. J. Miranda. Area – yield crop insurance reconsidered [J]. American Journal of Agricultural Economics, 1991 (73): 233 – 242.

［2］Bogdan Marzaa, Carmen Angelescu. Agricultural Insurances and Food Security. The New Climate Change Challenges［J］. Procedia Economics and Finance，2015（27）：594－599.

［3］郑军，袁帅帅. 新型城镇化与农业保险发展：路径考察与悖论反思［J］. 农村经济，2015（1）：78－82.

［4］杨恒松. 农业保险在生态农业发展中的作用［J］. 农业开发与装备，2016（3）：20.

［5］高子清，张金萍. 政策性农业保险经营模式创新与保障——以返还保费基金分红型模式为例［J］. 学习与实践，2016（7）：37－43.

［6］郑继超. 基于SWOT分析的大学啦啦操课程教学创新研究［J］. 吉林体育学院学报，2018（4）：104－108.

［7］郑继超，刘垚. 公共体育教育协同专业艺术教育的SWOT分析——以无锡太湖学院为个案［J］. 兰州文理学院学报（自然科学版），2017（5）：120－124.

［8］郑军. 农业保险的马克思反贫困理论三重维度解读：中国和日本的比较及启示［J］. 山西农业大学学报（社会科学版），2018（12）：28－38.

［9］柳仕奇. 台湾地区农业保险的发展模式及借鉴［J］. 福建金融，2010（1）：28－31.

［10］张玉环. 美国、日本和加拿大农业保险项目比较分析［J］. 中国农村经济，2016（11）：82－90.

中国对马来西亚水果出口贸易的现状、问题及对策研究

胡绍雨 蒋镇徽

(广西财经学院 财政与公共管理学院,广西 南宁 530003)

摘 要: 中国劳动力资源充足,生物物种资源丰富,自然气候及地理条件多样,这使水果生产表现出较强的比较优势,几乎所有种类的水果都有出产,尤其是温带、亚热带干鲜水果成为中国出口最重要的品种。自2010年中国—东盟自贸区正式全面启动以来,中国和马来西亚的经济贸易往来密切,贸易额不断向上增加,在许多领域都建立了合作关系。在中国和马来西亚的贸易中,水果是非常常见也是非常重要的一种贸易商品。现阶段,中国在水果产业和对外贸易方面发展迅速,具有一定的优势,但是仍存在一系列问题,如水果质量一般、包装保鲜技术不足、品牌打造力度不够等,制约了出口结构的优化,进而减少了对马来西亚的出口利润。本文先是对中国水果发展以及向马来西亚出口的现状进行了简单的介绍,其次对中国在向马来西亚出口水果过程中出现的问题进行列举,最后针对存在的问题给出相应的处理对策。

关键词: 中国 马来西亚 水果 出口贸易

[中图分类号] F746.12 [文献标志码] A [文章编号] (2021) 01 - 0030 - 12

---

* [基金项目] 国家社会科学基金年度项目"西部陆海新通道推动西南地区外贸高质量发展路径及对策研究" (19BJY193);国家税务总局税收科研课题立项重大项目"'六稳'背景下的减税降费研究" (2019ZD01);广西财经学院博士科研启动金科研项目"基于中美税改实践视阈的减税降费研究:理论维度、政策框架与路径优化"的阶段性成果 (BS201979)。

[作者简介] 胡绍雨,男,广西财经学院财政与公共管理学院副教授、经济学博士后,研究方向:公共经济、财税理论与国际贸易;蒋镇徽,男,广西财经学院财政与公共管理学院2018级本科生,研究方向:财政与国际贸易。

一、引言

中国疆域广阔，大部分国土处于温带和亚热带，适合种植水果。中国作为一个农业大国，盛产水果，如苹果、柑橘、梨、葡萄、甘蔗等。自从中国建立与东盟国家的自由贸易区，中国面向马来西亚的出口贸易又上了一个崭新的台阶。中国的水果种植发展迅速，不仅水果种类多、品质优良，而且每年的产量已经是千万吨级别计算。如此庞大的水果产量单靠内销是不能解决的，必然要对外出口。对于马来西亚来说，中国水果是其主要的进口对象之一。因此，推动中国对马来西亚水果出口，对于提高中国水果的国际知名度和推动中国水果走向更广阔的国际舞台具有重要意义。

国内学者从中国与马来西亚水果出口贸易的现状、存在问题、解决对策以及中国水果竞争力等方面进行了研究。刘汉成与易法海（2007）分析中国水果的出口特征，测算了水果国际竞争力程度，分析了其影响因素，并就推动水果出口以及提升国际竞争力提出若干政策建议；万俊敏（2008）通过研究广西与东盟水果的竞争力，分析影响广西水果竞争力的因素及广西水果自身的优劣势，为提高广西水果竞争力提出了建议；张继军与黄咏华（2008）通过国际市场占用率、贸易专业化指数（TSC）和显性比较优势指数（RCA）等指标比较分析了中国与相关国家的主要热带水果的国际竞争力，结果表明，目前中国热带水果的国际竞争力总体上相对较弱，并据此提出提升中国热带水果国际竞争力的相应对策；陈立华（2018）分析并指出了广西水果出口东盟存在的一些问题，然后从品牌、品质、交通、金融合作等方面提出了相应的解决对策；魏道辉（2019）在中国—东盟自贸区的背景下分析了广西农产品对东盟出口贸易现状及存在问题，并针对存在的问题，结合东盟自贸区的框架，提出了出口多元化、加强农业合作、提高农产品附加值等建议。

国外学者分析了水果在出口环节面临的宏观环境的障碍，认为政府要为促进水果贸易提供良好的外部环境。Sisay（2018）指出埃塞俄比亚蔬菜和水果商业种植者的出口营销挑战，宏观环境障碍对种植者的影响很大，呼吁政府要创造有利的政策环境，促进农产品贸易；Muchopa 等（2019）研究认为，水果产品关税配额的贸易自由化进程应与关税配额的扩大和关税配额的减少同步进行；Ajwang（2020）讨论了新鲜水果和蔬菜出口的小农如何在以高进入壁垒著称的价值链中站稳脚跟的问题。

二、中国水果基本情况

（一）中国水果产业发展的基础条件

中国种植的水果品种多、产量大。品种多、产量大主要得益于中国得天独厚的地理条件。中国的地形多样，有山地、高原，也有平原、丘陵，山地丘陵面积约占全国面积的43%，适合种植果树的区域大。中国的季风气候明显，雨热同期，适宜种植水果。综合上述的地形、气候等条件，中国较适合种植果树，在水果产业方面有着巨大潜力。

（二）中国水果种植面积和总产量

中国水果种植面积巨大，年产量高。如表1所示，中国的水果种植面积从2011年的11831千公顷扩大到了2019年的12571千公顷，由此可见，中国水果种植面积大，可种植水果的地方多。中国水果每年的产量从2011年的22768.2万吨增长到2019年的31060.8万吨，由此可见，中国水果的年产量非常之大且呈逐年增长趋势。

表1　　　　　2011—2019年中国水果种植面积和总产量

年份	种植面积（千公顷）	总产量（万吨）
2011	11831	22768.2
2012	12140	24056.8
2013	12371	22748.1
2014	12817	23302.6
2015	11212	24524.6
2016	10903	24405.2
2017	11136	25241.9
2018	11875	25888.4
2019	12571	31060.8

数据来源：《中国统计年鉴》2012—2020年各期。

（三）中国主要水果种类和产量

中国著名的水果有烟台苹果、海南香蕉、赣南脐橙、库尔勒香梨、岭南荔枝等。中国水果品种多,总计有 400 余种,苹果、梨、柑橘、橙、香蕉产量较多,其他的水果,如荔枝、西瓜、芒果、核桃等也有一部分的生产量。从表 2 可以看出,苹果和柑橘是中国近几年产量最多的两种水果。苹果、柑橘、梨三者产量占总产量的 53% 以上。除此之外,香蕉、葡萄的年产量也很大,年均产量超过 1000 万吨。

表 2   2011—2019 年中国水果的产量   单位:万吨

年份	苹果	柑橘	梨	葡萄	香蕉
2011	3367.3	2864.1	1448.6	857.7	946.1
2012	3581.4	3089.4	1550.4	1000.6	1036.0
2013	3629.8	3196.4	1544.4	1088.5	1103.0
2014	3735.4	3362.2	1581.9	1173.1	1062.2
2015	3889.9	3617.5	1652.7	1316.4	1062.7
2016	4039.3	3591.5	1596.3	1262.9	1094.0
2017	4139.0	3816.8	1641.0	1308.3	1117.0
2018	3923.3	4138.1	1607.8	1366.7	1122.2
2019	4242.5	4584.5	1731.4	1419.5	1165.6

数据来源:《中国统计年鉴》2012—2020 年各期。

三、中国水果出口马来西亚现状

自中国—东盟自由贸易区成立以来,中国和马来西亚两国在种植业上交流频繁。由于中国和马来西亚的气候条件存在较大的差异,致使两国的水果贸易具有互补性。中国对马来西亚出口温带水果,进口马来西亚的热带水果。

(一)从总量来看

近几年来,中国向东盟国家出口了超过百万吨的水果,而对于马来西亚来说,中国是其非常重要的水果进口国。从表 3 可以发现,中国向马来西亚的水果出口金额逐年变大,但是局部有波动。在 2011 年,中国对马来西亚水果的出口额约为 17.48 亿元人民币,到 2019 年,这一数值变化约为 22.27 亿元人民币,增长率为 27.40%。这表明中国对马来西亚的水果出口发展迅速,并且发展潜力巨大。

表3 2011—2019年中国对马来西亚的水果出口总金额

年份	金额（万元/人民币）	同比增长（%）
2011	174762	—
2012	208926	19.55
2013	295650	41.51
2014	209583	-29.11
2015	228239	8.90
2016	262174	14.87
2017	154419	-41.10
2018	173149	12.13
2019	222707	28.62

数据来源：中华人民共和国海关总署。

（二）从种类来看

中国对马来西亚出口的水果大多为温带水果，主要是苹果、梨、橙子、葡萄、柠檬等。如表4所示，中国对马来西亚的水果出口逐年增加。其中，苹果、梨、橙子、葡萄这几类水果是主要的出口水果，而且苹果、梨、葡萄这几种水果近几年的出口金额均达到了4000多万美元。

表4 2012—2019年中国对马来西亚出口水果的主要种类金额　　单位：美元

年份	鲜苹果	鲜梨	鲜葡萄	柠檬及酸橙	橙
2012	35958841	37486218	28002580	11308979	21364162
2013	46779924	46962180	21898795	11384986	29318612
2014	36322661	40912366	18088893	16908999	17984079
2015	30645558	47496966	29202464	13289408	7918144
2016	43405892	48017634	47997362	30079496	14374218
2017	41096502	40678058	31527332	25493408	5617476
2018	43751424	43677358	43230368	26649382	5617476
2019	46561946	45438947	45046246	25803792	5825464

数据来源：中华人民共和国海关总署。

（三）从出口产品形式来看

出口的水果可以分为鲜水果、初步加工水果（如干水果和冻水果）、水果加工制成品。如表5所示，中国对马来西亚出口水果主要是以鲜果为主，水果罐头和果汁的出口较少。其中，鲜果和冷冻水果的出口量逐年增加，但果汁与水果罐头这类水果加工产品却逐年减少。从表5中可以看出，中国出口马来西亚的水果附加值并不高，而且主要以出口初级水果为主，大多数水果未经深加工。

表5　　　　2015—2019年中国对马来西亚出口水果的主要产品金额　　　　单位：美元

年份	鲜果	果汁	水果罐头	冷冻水果
2015	1305872456	3056912	320825	3813908
2016	1357890322	2895301	356246	4048561
2017	1488791532	3041569	474976	4387896
2018	1673537152	2804523	977511	5224095
2019	2159983348	1011269	171157	7785981

数据来源：中华人民共和国海关总署。

（四）从主要出口水果价格来看

中国对马来西亚出口的水果价格大部分不高。从表6来看，出口的主要水果的价格主要为1块多美元/千克，约合人民币7元/千克。并且这其中，以橙子的出口单价最高，近几年单价超过2美元/千克，而鲜梨的单价最低。从价格走势来看，中国水果近年来的价格在马来西亚市场上呈波动式的涨落，其大致的走势为先上升后下降然后再上升，整体价格趋向稳定态势。

表6　　　　　中国主要水果出口马来西亚的价格走势　　　　　单位：美元/千克

年份	橙	柑橘	鲜苹果	鲜梨
2012	1.25	1.40	1.25	1.05
2013	1.60	1.55	1.20	1.35
2014	1.70	1.65	1.45	1.45
2015	2.10	1.75	1.40	1.45
2016	2.25	1.60	1.23	1.18
2017	2.17	1.70	1.20	1.10
2018	2.20	1.62	1.30	1.25
2019	2.05	1.70	1.20	1.20

数据来源：中华人民共和国海关总署。

四、中国水果出口马来西亚贸易存在的问题

自2011年1月1日起，中国—东盟自贸区正式全面启动，中国出口马来西

亚的水果实行零关税，这使得中国水果生产出口马来西亚取得了长足进步，但同时我们也应该看到，中国水果业在生产、加工和出口中还存在着许多问题，如出口水果质量不高、检验检疫体系不完善、出口结构单一等。

（一）水果质量不高，品牌知名度弱

现阶段中国的部分水果在生产活动中有着为了追求产量而忽视质量的问题，整体水果质量不高。近些年来中国水果对于绿色无公害水果的生产发展迅速，因为起步时间较晚，目前生产规模较小，种植面积有待增加，产量有限，对马来西亚进口水果的高端消费市场的竞争力仍不足。

据统计资料显示，优质水果占中国水果总产量的比例仅为30%，其中优质水果中高档绿色水果的比例仅为5%，另外有50%是大路货，剩下的20%几乎全是劣质果。中国农业科学院果树研究所表示，以中国苹果为例，优质果率在35%左右，达到出口标准的高档果率不足5%，而作为中国在东盟水果市场主要竞争对手的美国、新西兰、日本等国，在生产、储运过程中对水果进行严格的质量管理，优质果率高达70%，高档果率在50%左右，从而使得果品到达消费者手中时，水果的硬度、脆度和口味几乎不变。在东盟国家的水果市场中这几个国家一直占有很高的出口份额比例。

（二）检验检疫体系不完善

自从中国和东盟国家建立了自由贸易区之后，中国和马来西亚之间的水果交易日益频繁。然而，随之而来的非关税贸易壁垒等问题也越来越突出，正是受到这些问题的影响导致中国不断在水果出口的过程中受挫。中国—东盟自贸区设立之后，中国和东盟国家就卫生检疫的问题很长时间都没有达成相应的共识，这就使得贸易过程中在卫生检疫方面容易发生矛盾。在实际贸易过程中，中国以及东盟国家对健康水果、绿色水果没有一个统一的检验标准。最近几年，随着中国对东盟国家水果出口量的增加，发生疫情的案例也随之增多。根据相关资料显示，最近几年海关在对出口东盟的水果进行抽样检查的过程中，发现了很多质量不达标的产品。在现在人们无比重视健康的环境下，对动植物检疫的标准也越来越严格。对于中国来说，要继续扩大对马来西亚出口水果的规模，就必须要攻克卫生和动植物检疫措施这一非关税壁垒难题。

(三) 水果出口结构单一、附加值低

中国对马来西亚出口水果过于集中，尽管出口额逐年增加，但是出口水果种类过于单一。从水果出口的形式来看，主要是以出口鲜果为主，水果罐头、果汁等水果制成品出口比较少，附加值低；从水果出口的种类来看，主要以苹果、柑橘、梨、橙为主，而其他的特色水果所占的出口比重很少；从水果出口的价格来看，价格近几年起伏不定且保持在一个比较低的水平。由此我们可以看出，中国的水果主要是在马来西亚的中、低端市场里活跃，高端市场涉猎少，进而无法获取更高的利润。

由于中国长期单一的水果出口结构，不仅会获利减少，还会导致出口衰退。随着马来西亚的经济不断发展，人们的收入水平不断提高，当地消费者会更偏好新奇的水果和水果制品。因此，使其他的特色水果和水果制品进入马来西亚，逐步拓展市场份额，是非常有必要的。

(四) 水果包装及贮藏保鲜技术低

现阶段中国一部分水果的生产加工者的商品意识有待提高，对于出口水果的包装、分级、清洗、打蜡保鲜、冷藏贮运等商品化处理加工程度极低，因此只能占据马来西亚的低端市场，严重影响出口果品价格和创汇收入。

中国出口水果包装的不足体现在尺寸规格乱、果品育果纸袋产品不合格、保鲜效果差、承重能力差、缺乏配套设施等。中国出口到马来西亚的大部分水果选择海运或者是陆运出境，运输的时间大概为4—7天。经过长时间的运输，水果会出现变质、腐败现象。这时，贮藏保险技术就显得尤为重要。在日本，经过预冷处理的水果所占的比例高达90%；而在中国，预冷技术处理的水果仅为5%。由于预处理设备、预冷设备、搬运设备、贮藏冷库设施和合理的运输车辆极少，结果往往是事倍功半。

(五) 交通基础设施建设和物流体系有待完善

在国际贸易中，物流是连接各国贸易往来的重要环节，而水陆空是三种常见的贸易运输方式。中国的水果运输主要经过西南部边境省份，即我国的广西和云南，然后才进入马来西亚地区。其出口的物流途径以水路为主，其次是陆路，最后是空路。然而，因为广西、云南地区的经济还不够发达，基础设施建设不够且相关的技术不够先进，在进出口贸易越来越频繁的今天，其基础设施的建设已经

远远滞后于国际贸易的发展。在陆地运输方面，广西、云南在国际以及省际路上的交通干线缺乏支线的支撑，等级也较低，铁路的路线少、运行速度慢、布局不够合理；在水上运输方面，中国的水果主要通过广西地区的港口运往马来西亚地区，广西具有北海、防城港以及钦州三个规模比较大的港口，但是这三个港口的货物吞吐量较低，没有完善的配套设施，且运输的速度比较慢；在航空运输方面，广西、云南是全国机场较少的省份，货物的吞吐量少。而且马来西亚属于发展中国家，基础设施还不太完善，这就导致双方在进行贸易往来的过程中花费的运输成本较高且运输效率低，对中国向马来西亚出口水果造成了很大的阻碍。

五、促进中国水果出口马来西亚的对策建议

中国应主动面对中国—东盟自由贸易区建立所带来的新挑战，开拓进取，与时俱进，求真务实，树立和落实全面、协调、可持续的科学发展观，积极做好水果产业发展的各项工作，大力发展水果果品的精深加工，加强生产后商品化处理和贮运设施的硬件建设，促进果品包装、保鲜、贮藏和加工技术的提高，提升果品质量，创立自主品牌。现对于中国出口马来西亚的水果贸易提出如下几点建议：

（一）引进国外优质果品生产技术，提高水果知名度

引进国外优质果品生产系列技术，增加水果生产的技术含量，提高现有栽培品种的优质果率，如日本普遍使用的整形修剪量化评价技术、肥水量化平衡施用技术等。要提高综合利用水平，提高原料综合利用，通过在国内进行深加工或灌装，提高附加值，尽量以成品而不是半成品形式出口。

目前，中国仍缺乏具有自主知识产权的水果果品核心关键技术，政府应大力鼓励从事水果产业的企业实施知识产权战略，构建知识产权相应的政府管理部门，完善知识产权制度；企业要加大科技研发，提高自身的技术创新能力，并在专、精、特上下功夫，提高研发费用在销售收入中的比重，完善研发体制，最终拥有自己的核心技术，这样以保持果品在知识含量上的优势来谋求果品的竞争优势。

企业要树立品牌观念，打造自己的优势果品。政府和企业应发挥各自的优势，重点发展一批优势果品，先发展一部分再让这部分带动整体发展。此外，要加大广告、展销会等宣传力度，逐渐培养出稳定的消费群体，加快提高马来西亚水果市场占有率。

（二）优化出口结构，提高产品附加值

针对马来西亚的水果市场需求，要开发合适的品种，加快品种的改良及更新换代，搞好不同水果品种之间的合理搭配，可以在中国的传统出口水果中甄选出在马来西亚最有市场潜力的品种，也可以引进在马来西亚市场上适销对路的国外优良品种，利用中国地大物博、自然条件多样的优势，把这些优良的树种或品种安排在最适宜的区域种植，降低处于竞争劣势的水果品种种植面积，为果品生产的优质、高效和增强贸易竞争力奠定良好的基础。

另外，若条件成熟，可大力发展干果、浓缩果汁等加工业。因为该产品市场空间大，如浓缩果汁、复合果汁、罐头制品、脆片型制品等在东盟市场具有较大的需求潜力，可以很好地调节市场供求。在目前市场流通体系不发达的情况下，干果加工业对维持鲜果市场平衡发挥着重要作用。

（三）完善进出口的检验检疫体系

在水果贸易的出入境检验检疫方面，中国应该与马来西亚加强合作关系，及时掌握马来西亚在检验检疫方面的标准和相关要求。中国在向马来西亚出口水果时，应该加大对产品的检疫力度，同时提升检疫的效率，避免将不达标的水果出口到国外。而且，在对进口的水果进行检疫时也要加大检查的力度，避免不达标的水果流入国内。此外，应该引导水果种植户降低对农药的使用，生产出绿色健康无公害的水果，提高健康绿色水果的出口量，实现水果出口从量变到质变的变化。

（四）提高水果包装及贮藏保鲜水平

水果的包装对水果的出口有着至关重要的作用，科学的水果包装能够大大提高水果的质量。中国出口水果的包装技术亟须提高。对于不同的出口水果，应根据实际情况采取不同的包装方式。包装有着至关重要的作用：一是能够起到保护作用，防止挤压、碰撞导致水果损伤；二是美观、简洁、大方，吸引消费者眼球；三是方便水果的运输，能减少运输过程中不必要的损坏。中国还需要增加对水果贮藏保鲜技术的研究投入，建立水果贮藏保鲜技术研究中心，重视扶持一批水果流通、贮藏、保鲜和运输的龙头企业，并有目的有计划地引进国外先进的贮藏加工设备和技术，不断提高贮藏加工的能力。这样不但能够提高中国水果对马来西亚出口的能力，而且能确保水果到达目的地的新鲜程度。

(五）完善边境交通基础设施建设

增强对海陆空交通网络建设的力度，打造一个更好更快的物流运输体系，对于促进中国与马来西亚之间的贸易往来具有非常重要的实践意义。在陆地运输方面，应该加快高铁和公路建设，让广西、云南与东盟国家的联系更加紧密；在海运方面，加大对广西、云南各个港口基础设施的建设力度，提高货物装卸的速度和服务的质量；在物流系统建设方面，中国应该针对广西北部湾经济区和云南红河、昆明保税区的保税物流体系增加投入，以北海、钦州、凭祥、昆明、红河等保税区为中心向四周扩散，努力建造出可以从中国通往东盟地区的运输通道。此外，中国还应该有效地利用互联网信息技术来打造一个完善的物流信息平台，从而让客户能够实时查询物流信息，确保货物的安全，形成一套完善的中国—东盟物流体系。

六、结语

本文在对中国对马来西亚出口水果的现状进行分析之后得到以下结论：在中国建立了与东盟国家的贸易自由区的背景下，中国水果产业获得了更大的发现机遇，让更多的水果能够走出国门，销往马来西亚，从而收获更大的利益。在对中国对马来西亚出口水果的优劣势进行分析之后得出，在中国对马来西亚出口水果的过程中存在着很多的问题，比如水果质量不高、品牌知名度小、水果出口结构单一等。针对中国水果出口马来西亚中出现的问题，本文提出了提升水果的质量、改善水果出口结构以及完善物流运输等一系列建议。只要克服困难，运用好自身的优势，中国水果一定能够在马来西业市场占有一席之地！

参考文献

[1] 刘汉成，易法海. 中国水果出口特征及国际竞争力分析 [J]. 农业现代化研究，2007（4）：450-453.

[2] 尤建强，崔岩. 对我国水果进出口贸易的思考 [J]. 国际贸易问题，2006（6）：26-31.

[3] 刘晓光. 中国几种主要水果生产状况动态分析与国际比较 [J]. 中国果业信息，2007（4）：1-4.

[4] 刘李峰. 中国—东盟水果贸易现状及展望 [J]. 中国农村经济，2004（6）：61-66.

[5] 张继军，黄咏华. 我国主要热带水果国际竞争力及其发展潜力研究 [J]. 台湾农业探索，2008（1）：1-8.

[6] 陈立华. 广西水果出口东盟存在的问题及对策分析 [J]. 市场论坛，2018（5）：21-26.

[7] 李卓丹. 广西农产品出口市场策略研究 [D]. 南宁：广西大学，2015.

[8] 万俊敏. 中国广西—东盟水果竞争力比较研究 [D]. 南宁：广西大学，2008.

[9] 朱映运. 广西与东盟农产品贸易问题与对策研究 [J]. 广西财经学院学报，2012（1）：6-10.

[10] 魏道辉. 广西对东盟农产品出口贸易现状及对策分析 [J]. 顺德职业技术学院学报，2019（3）：33-37.

[11] WANG A J. Relational contracts and smallholder farmers' entry, stay and exit, in Kenyan fresh fruits and vegetables export value chain [J]. Journal of development, 2020 (4): 782-797.

[12] MMUCHOPA C L, BAHTA Y T, OGUNDEJI A A. Tariff rate quota impacts on export market access of South African fruit products into the EU market [J]. Agrekon, 2019 (4): 426-450.

[13] SISAY M A. Assessment of challenges in export marketing: the case of ethiopian vegetable and fruit commercial growers [J]. iBusiness, 2018 (1): 1-20.

RCEP 框架下中国与东盟农业科技合作的成效、问题及对策*

邱书钦　王延青

（广西财经学院　会计与审计学院，广西　南宁　530004）

摘　要：区域全面经济伙伴关系协定（RCEP）的签署为中国与东盟农业科技合作提供了良好机遇。中国与东盟国家开展农业科技合作具有很多优势，也取得了相当的成效，但是，相对于双方农业科技合作的现实需求和发展前景，一些困扰中国与东盟农业科技合作的问题依然存在，在相当程度上阻碍了双方合作潜力的释放。因此，在区域全面经济伙伴关系协定（RCEP）框架下，需要以东盟国家的农业发展需求为引导，进一步有效整合彼此的农业资源和农业技术优势，突破农业发展制约和不利因素，深化农业科技合作领域和范围，推动合作水平不断提升。

关键词：RCEP　东盟　农业科技

[中图分类号]　F313　　[文献标志码]　A　　[文章编号]　（2021）01-0042-10

一、引言

近年来，中国与东盟在农业科技合作发展良好，双方走过了一条友好、务实、互利、共赢的合作之路，农业科技合作范围和内容越来越广泛。2020 年 11 月，区域全面经济伙伴关系协定（RCEP）正式签署，中国加入全球最大自贸区。在全球新型冠状病毒肺炎疫情肆虐、全球经济艰难复苏、单边主义和保护主义兴

---

* [基金项目] 2020 年度广西财经学院会计类学科建设与专业教改研究项目"融资约束视角下财政补贴对高新技术企业研发投资及经营绩效影响"（2020&KJ03）；2020 年度广西财经学院博士启动基金项目"乡村振兴背景下农村公共产品供给问题研究"（BS2020033）。

[作者简介] 邱书钦，男，广西财经学院会计与审计学院副教授，研究方向：产业理论与政策、中国—东盟区域合作；王延青，女，广西财经学院会计与审计学院硕士研究生，研究方向：资产价值评估。

起的形势下，区域全面经济伙伴关系协定（RCEP）的签署，将进一步促进中国与东盟贸易和投资便利化，推动经贸规则优化和整合，为中国农业高质量发展提供更大的空间。

对于中国和东盟农业科技合作来说，区域全面经济伙伴关系协定（RCEP）的签署是进一步加深双方农业科技合作的契机，对于推动中国及东盟国家农业的共同发展、实现农业资源互补、加快中国农业走出去步伐、夯实"21世纪海上丝绸之路"和打造人类命运共同体，都起着重要作用。

二、中国与东盟农业科技合作的基础及成效

中国和东盟是永世近邻和亲密伙伴，人民友谊深厚，双方合作紧密，互惠互利。经过多年发展，中国与东盟各国农业科技合作的形式日趋多样，合作的范围不断拓宽，合作的内容持续丰富，具有较好的合作基础和优势，并且呈现出广阔的合作前景。

（一）中国与东盟农业科技合作的基础

1. RCEP为中国与东盟农业科技合作带来了更加广阔的空间

联合国粮农组织的相关数据显示，2019年RCEP成员的农产品产量占全球的20.1%，农产品贸易在RCEP区域内占有重要地位[1]。东盟大多数国家的农业资源和劳动力资源比较丰富，是世界上重要的热带作物生产基地之一，在大米、水产品、橡胶、棕榈、咖啡、热带水果等方面具有生产优势。东盟各国农业发展条件不同、各具特色。根据东盟十国农业的发展情况，其农业发展水平可以划分为三个层次：印尼、马来西亚、泰国和菲律宾四国的农业发展态势较好，农业贸易和投资机会较多；老挝、缅甸、越南和柬埔寨四国的农业基础设施相对较差，农业合作以技术输出和农业机械为主；新加坡和文莱两国属于经济基础较好但是农业条件不足，农业合作以发展绿色农业和高科技农业为主。总体来看，东盟国家面临着农业投入资金不足、农业技术研发创新不够、农业机械化水平不等问题，但是对于农业技术的需求意愿较为强烈。相比较而言，中国在农业发展方面更具有技术优势、管理优势、资金优势，尤其是在种养殖技术、农业机械技术、农产

---

[1] 中国经济网. RCEP为我国农业带来多重利好［EB/OL］. （2021-04-28）［2021-06-09］. http://tuopin.ce.cn/zg/202104/28/t20210428_36518337.shtml.

品精深加工技术等领域的比较优势更为明显,中国与东盟在农业技术领域可以合作的范围非常广泛,从农业技术研发到种质资源、从农业资金投入到农业机械等。

RCEP区域所拥有的庞大市场、雄厚资本、先进技术等诸多有利因素将为中国和东盟农业技术合作提供更加广阔的空间。同时区域全面经济伙伴关系协定(RCEP)中引入的竞争机会更进一步推动中国农业产业链、价值链重塑,形成中国与东盟更加紧密稳定的合作关系。

2. 中国—东盟战略伙伴关系搭建了坚实的农业科技合作框架

东盟是中国周边外交优先方向和"一带一路"建设重点地区。2003年中国与东盟建立战略伙伴关系以来,双方搭建了形式多样的合作框架,在政治、经济、文化等方面进行了全方位合作,取得了举世瞩目的成绩,也经受住了种种考验。2010年1月1日,中国—东盟自由贸易区正式全面启动,2015年泛北部湾合作路线图制定完成,2016年澜湄合作机制正式启动,2019年中国—东盟自贸协定"升级版"正式实施,中国与东盟的制度性合作逐步迈上新台阶。面对新型冠状病毒肺炎疫情冲击,中国与东盟率先开展区域疫情合作,构建区域"快捷通道"和"绿色通道",推动区域产业链、供应链稳定,促进区域经济加快恢复,贸易投资合作逆势上扬。目前,东盟已经取代欧盟成为中国第一大贸易伙伴,为全球经济的复苏作出积极贡献,也为中国—东盟农业科技合作奠定了坚实的合作框架。

RCEP区域是中国进行农业投资合作的重要区域,占中国农业对外投资的比重超过40%,对东盟国家农业投资流量占全球流量的27.5%[①]。在区域全面经济伙伴关系协定(RCEP)框架下,东盟对于农产品种养殖、农产品加工作出了更高开放水平的承诺。以此为契机,中国与东盟的农业科合作将会在合作内容、合作任务、合作方式、合作机制等方面迈出更大步伐,谋求更大合作空间,从而形成更好互利共赢的局面。与此同时,中国农业科技相关企业和机构可以依据自身的发展条件,加快走向东盟的步伐。

3. 共同的利益需求奠定了合作的坚实基础

中国与东盟友好合作持续稳定发展,无论是爆发金融危机还是出现重大自然灾害,双方始终守望相助、共克时艰,致力于共建中国—东盟命运共同体,并已经成为引领东亚区域合作的一面旗帜。面对新的发展机遇,东盟各国都把扩大对

---

① 人民网. 中国—东盟农业合作前景广阔[EB/OL]. (2020-07-20) [2021-06-09]. http://world.people.com.cn/n1/2020/0720/c1002-31789076.html.

外交流合作、提高国际认知度、推动经济持续稳定发展以及确保国家政治社会稳定作为首要任务。农业是东盟大多数国家的支柱产业，是确保国家安全、社会稳定和可持续发展的基础，因此，东盟各国都把保障粮食安全和提升农业技术水平摆在优先位置。21世纪海上丝绸之路所贯穿的中国—东盟自由贸易区覆盖了全球约三分之一的人口，农业技术合作在21世纪海上丝绸之路建设中的地位举足轻重，一直是中国与东盟合作的优先区域。一方面，农业科技合作承载着维护国际粮食安全、科技减贫、提升国家形象、推动中国企业进一步走出去等多重使命。另一方面，农业科技合作可以有效推动东盟国家农业发展、促进民心相通。因此，以农业科技合作为桥梁，有利于增进中国和东盟的睦邻友好合作，有利于打造更为紧密的中国—东盟命运共同体。

区域全面经济伙伴关系协定（RCEP）要求成员国取消农业投资的相应限制，将进一步激发区域成员国之间的农业投资潜力，有利于推动中国与东盟的农业技术合作，优化中国海外农业技术合作的布局。

4. 阶段性成果的取得体现了双边合作旺盛的生命力

2001年，第五次中国与东盟领导人会议把农业科技合作作为21世纪双方合作的重点领域之一。2002年，中国与东盟签署《中华人民共和国农业部与东南亚国家联盟秘书处农业合作谅解备忘录》。2014年，李克强总理在第十七次中国—东盟（10+1）领导人会议上再次强调了双方农业科技合作的重要意义。2020年5月中国与东盟发表《中国—东盟经贸部长关于抗击新冠肺炎疫情加强自贸合作的联合声明》，提出双方要进一步推动农业技术合作、推动农业投资的便利化；与此同时，中国农业农村部将升级中国—东盟"10+1"农业合作机制列为2020年农业国际合作的工作要点之一。2020年8月，澜沧江—湄公河合作第三次领导人会议提出加快落实《澜湄农业合作三年行动计划（2020—2022）》的具体要求。截至目前，中国已经与东盟的8个国家签订了双边农业合作协定[①]。这些成果的取得体现了中国与东盟合作的旺盛生命力。

（二）中国与东盟农业科技合作的成效

1. 现代农业装备技术合作稳步推进

中国与东盟农业装备技术合作主要体现为两个方面：一是由中国农业农村部

---

① 中国—东盟自贸区. 当前中国与东盟农业合作基础好、商机多［EB/OL］. (2020 - 09 - 25)［2021 - 06 - 09］. http：//www.cafta.org.cn/show.php? contentid = 90737.

国际合作司负责举办的水稻机械化技术培训班,为东盟国家人员提供相关机械技术的系统培训,既向东盟国家输出了农业机械技术,同时又开拓了东盟农机具市场。二是通过农业科技特派员制度,派出农技专家到东盟国家进行现场指导。2010年起,中国累计向东盟国家派出400多名专家和技术人员进行技术推广工作,并且建立了3个农机具技术示范中心①。

2. 跨境动植物疫病防控体系和农业信息开发合作不断升级

2011年,中国与东盟6国共建有害生物防控预警系统,搭建有害生物数据共享平台,进行关键环节联合研究攻关。2016年,中国与东盟十国正式启动动植物疫病疫情联合防控大数据平台建设,为双方合作提供有力的信息支持。2017年,中国东盟农业信息综合平台正式启动,为农业生产提供更加精准高效的数字化服务②。

3. 农村生态能源利用合作成效明显

一是有序展开农村沼气利用技术合作。2005年起,中国为东盟国家连续举办能源培训班,共同研讨沼气和农村能源综合利用技术。二是稳步推进生物质能源发电技术合作。目前中国的生物质能发电技术已经得到东盟国家的信赖,稻壳发电机组已经得到东盟很多国家的市场认可。

4. 农作物品种改良实验合作积极推进

中国与东盟双方通过共建农作物品种改良试验站,推动双边或者多边进行优良品种技术合作。2011年起,中国先后与老挝、越南和柬埔寨等国建成农作物优良品种试验站,改良对象主要是水稻为主的粮食作物以及热带水果和蔬菜为主的经济作物。

5. 农业合作模式不断丰富

近年来,中国与东盟的农业科技合作模式不断丰富,成效逐渐显现。一是政府主导型合作模式,主要是通过中国—东盟博览会以及中国(广西)—东盟蔬菜新品种博览会,举办中国农业展览和农业科技交流会议,各方代表交流经验,探讨彼此合作的领域和技术。二是企业主导模式,主要是企业作为投资主体,实现农业新品种、新技术的示范推广。三是科研机构主导型模式,主要是以农业科研机构和高校为主体,实现农业技术的研发和推广应用。

---

① 中国新闻网. 中国—东盟农业合作"提质升级"创新凸显活力 [EB/OL]. (2018 - 09 - 16) [2021 - 06 - 09]. https://baijiahao.baidu.com/s? id =1611775669265695419.
② 搜狐网. 第14届东博会·2017中国—东盟统计论坛:聚焦提升农业统计实践 [EB/OL]. (2017 - 09 - 13) [2021 - 06 - 09]. https://www.sohu.com/a/191684849_ 428290.

三、中国与东盟农业科技合作存在的问题

尽管中国与东盟农业科技合作的基础良好且成效明显,但是相对于双方农业科技合作的现实需求和发展前景,不管是合作形式还是内容,都停留在较低阶段,一些长期困扰中国与东盟农业科技合作的体制性矛盾依然存在,相当程度阻碍了双方合作潜力的释放。

(一)合作形式单一且处于较低层次

总体来看,中国与东盟农业科技合作的形式主要是以中国对东盟进行农业技术援助、技术培训以及技术展览交流为主,合作目的主要是以提高粮食产能为主,主要集中于种植业与水果领域的育种和栽培技术,合作阶段依然停留在种质资源交换、优良作物品种引进等阶段。这些合作虽然有利于开发东盟国家丰富自身农业资源、提高东盟国家自身的农业生产能力,但是,由于双方在前沿和颠覆性农业技术研究开发、重大农业项目的研究缺乏深入合作,为此,很多领域还是处于合作空白阶段。

(二)合作项目支持力度小导致规模效益难以发挥

中国与东盟农业科技合作项目虽然很多,但是单个合作项目规模小、投资力度弱,经费支持有限,项目的规模效益和示范效应发挥受到限制,不能满足构建现代农业体系的实际需要。由于经费支持力度有限以及部分东盟国家的参与主动性不高,中国在东盟国家开展的许多农业合作示范项目效果不明显且可持续性不强,难以达到预期效果。由于合作经费有限,中国与东盟各国举行联合培训的机会较少,参加培训人数有限,培训时间较短,不能有效满足东盟国家对于农业技术人员的培训需求。

(三)合作方式互补性不强且企业的参与度不够

在中国与东盟农业科技合作过程中,依然是以政府为主导,企业的合作主体作用不明显、积极性不高,导致合作项目难以商业化且经济效益不理想,项目发展后劲不足。企业积极性不高的原因主要是:第一,农业合作项目投资周期长、见效慢、风险大,更易受到政策、自然、市场等因素影响,投资状况更为复杂。第二,针对企业参与项目合作的政策支持和服务体系不够完善,比如不能为企业

提供有效信息服务、管理部门审批程序繁多耗时长等。以政府开展的各类境外农业示范项目为例,由于企业难以获取合作国相关的农业信息,因而不能有效利用合作平台,合作项目更多由农业系统所属的部门承担。另外,政府开展的合作项目与人力资源开发没有很好地结合在一起。比如,很多在中国接受培训的人员回国以后,并没有参与相关的合作项目,而参与项目合作的人员却没有机会来中国进行培训,从而不利于合作项目的可持续发展。

(四)合作过程中组织协调机制有待进一步完善

农业科技合作涉及的业务职能分属于农业、科技、林业、商务等不同部门,由于相互之间沟通协作机制不畅,存在"九龙治水"的现象,造成一些合作项目内容出现重复以及科技资源配置浪费等问题,从而难以将有限的科技资源投入到关键的合作项目。中国与东盟国家开展农业项目合作的省区,比如云南、广西,在承担国家级合作项目的时候,也会开展地方自主的合作项目,造成部分合作项目内容雷同,从而带来不必要的资源浪费。由于协调组织体系不完善,很多合作项目都是由中国提出双方合作的意向和建议,东盟国家往往只是被动接受,导致部分合作项目效果并不理想。在双边合作机制方面,中国与东盟国家建立的11个双边农业或渔业委员会中,只有四个能够正常召开会议①;在多边合作机制上,亚洲开发银行对中国与东盟农业科技合作的支持力度在逐步减少,中国依托国际水稻研究所与东盟开展农业科技合作的机制也没有有效建立起来。

(五)合作过程中的科技创新条件差且可持续性不强

目前,中国与东盟开展农业科技合作的国家主要是湄公河流域国家,这些国家总体上来看经济发展水平不是太高,农业生产设施、创新条件、经费投入、人员素质等农业科技创新的支持条件都有待提升。由于上述问题在短期内并不能得到解决,为此,双方的农业科技合作在较长时间内仍然还是以中国单方面输出为主,中国与东盟国家的农业技术力量和科研能力差距还将不断扩大,科技创新的结构性矛盾会愈加突出,从而会进一步影响双方开展农业科技创新合作的可持续性。

---

① 陈前恒,吕之望. 中国与东盟农业合作状况与展望[J]. 东南亚研究,2009(4):46-50.

四、提升中国与中亚国家农业科技合作水平的对策建议

在区域全面经济伙伴关系协定（RCEP）框架下，中国与东盟的农业科技合作实际上是一项需要多方统筹的合作，现阶段应该针对中国与东盟农业科技合作存在的问题，以东盟国家农业发展需求为导向，整合优化各种科技服务和经贸合作资源，推动合作不断深化。

（一）强化顶层设计，进一步完善农业科技合作的机制

中国和东盟应该借助区域全面经济伙伴关系协定（RCEP）的签署，共建农业命运共同体，理顺农业科技合作的发展思路，科学制定中长期发展规划，加强政府对于农业科技合作的组织领导，在充分利用现有农业科技合作机制的基础上，进一步构建长效机制，增加互信，完善国家间、部门之间的磋商机制、沟通机制、执行机制和保障机制，增强合作的务实有效性。要切实推进中国与东盟之间已有的农业合作委员会正常有效运行，切实构建长效合作机制；在多边合作机制上，要积极推动亚洲开发银行等机构对于农业信息网络建设的支持，进一步与国际水稻研究所等机构开展农业技术合作。

鉴于全球新型冠状病毒肺炎疫情持续蔓延，要进一步加强与包括东盟国家在内的RCEP成员的充分沟通，让各方充分认识到战胜疫情和开放市场的关联性，进一步发挥中国东盟抗疫合作的成效，从而推进区域全面经济伙伴关系协定（RCEP）能够尽早落地实施。

（二）深化农业科技合作平台和技术联盟建设

面向东盟国家的农业科技合作模式和平台，不应仅仅局限在某一种和某一类，应该根据中国与东盟合作双方的主体性质、技术特点和双方的合作意愿，创新合作模式以及技术推广模式。针对不同的合作内容和项目，开展不同的合作类型，比如重大项目型、农业科技园区型、自由贸易区等，既可以就某一类型开展深入合作，也可以采取多种形式相互补充。针对重大农业科项目合作，搭建合作平台，整合农业科技优势资源，选择东盟国家的相关科研机构形成有效的合作关系，建立专门的联合实验室或者研发中心，集中优势资金和技术力量加以实施，共同突破具有针对性、引领性的重大项目，开展基础性研究和重大科技攻关。

（三）鼓励多元主体参与，促进企业成为中国与东盟农业科技合作的主体

一方面，区域全面经济伙伴关系协定（RCEP）的实施将为各类涉农企业带来诸多发展机遇，企业应该充分掌握区域全面经济伙伴关系协定（RCEP）的相关内容，用好用足区域全面经济伙伴关系协定（RCEP）的规则红利。要熟悉不同国家农业技术市场开放的时间和方式，切实履行主体责任，提前做好准备，完善应急预案，强化风险管理，用好协定规则，发挥自身在农业产业链上的优势，以便抓住新的农业投资商机。

另一方面，要建立政府、企业和科研机构协同发展的多元合作主体体系。首先，要进一步突出农业科技企业的主体地位，从而实现合作项目的可持续化、规模化、效益化。其次，要进一步强化政府的统筹协调功能，充分发挥政府提供公共产品的职能，加强各类政策支持力度和提升政府信息服务能力。比如，通过搭建各种示范性农业科技合作平台，鼓励和引导企业和科研机构走出去。最后，政府需要进一步优化双方农业技术合作的结构和方式，以便更好地发挥彼此的农业技术比较优势，推动合作持续健康发展。

（四）强化农业科技援助的辐射引导作用

农业科技援助是实现中国与东盟国家合作的有效形式和途径，能够有效增加东盟各国人民的信任和沟通，消除各种误解和猜测，促进民心相通，进而提升农业科技在21世纪海上丝绸之路建设中的发展引领作用。在借鉴中非农业科技合作成功经验的基础上，中国应该结合当地的资源和技术实际，拓展农业科技援助的范围和内容，将中国先进的农业生产技术和经验以科技援助的形式逐步推广到东盟国家，实现农业技术合作与投资同步推进，助推东盟国家农业技术发展。

（五）拓展农业科技人才的合作与交流途径

采取多种途径和形式，强化双边多边的人才交流和合作水平，完善人才合作交流的机制和平台。依托现有的合作平台，比如联合实验室、科技研发中心等，通过农业科技项目合作、技术攻关等多种形式吸引中国科技人员开展与东盟农业科技的合作研究；通过开展多样化的邀请和讲座，组织农业技术专家定期以多种形式考察和指导东盟国家的农业生产；通过成立专门的培训机构，定期开展多样化的人才培训，提升东盟各国的农业技术人才、管理人才的科技水平。

（六）加大合作的资金投入力度，拓展资金来源

持续有效的资金投入是农业科技合作获得发展的必要因素，为此，要进一步加大财政金融对中国与东盟农业科技合作的支持力度，出台相应保障条款，设立农业科技合作的专项基金，协调好中央财政和地方财政对于农业科技合作的支持方向。要创新合作资金的来源途径、投放方式和运营方式，提升金融服务的效率和水平。通过建立农业风险预警体系，为对外投资企业提供准确度高、时效性强的信息，从而有效控制投资风险，切实维护中国企业在东盟农业项目的投资利益。

（七）建立统一的农业科技合作的组织协同与服务体系

根据中国与东盟农业科技合作的实际，以统一的科技特派员制度为基础，突破现有的体制性局限，将分散在中央和地方以及政府和企业的科技服务、科技创新、成果转化与推广等资源进行快速整合，构建国家层面的农业科技合作统筹机制，从而形成综合有效的农业科技合作体系。可以在广西、云南两地先行试点，按照由易到难的阶梯式次序逐步推进。

参考文献

[1] 杨东群，安昭丽. 中国在东盟农业投资的研究综述 [J]. 农业经济与管理，2020 (4)：36-44.

[2] 姜晔，茹蕾，杨光，等."一带一路"倡议下中国与东盟农业投资合作特点与展望 [J]. 世界农业，2019 (6)：12-16，118.

[3] 王永春，王秀东. 中国与东盟农业合作发展历程及趋势展望 [J]. 经济纵横，2018 (12)：88-95.

[4] 周行，李小红，黄艳芳，等. 广西与缅甸农业科技合作现状及展望 [J]. 热带农业科学，2020 (10)：133-139.

[5] 关昕，胡志全."一带一路"倡议下农业科研单位"走出去"问题研究 [J]. 科学管理研究，2019 (5)：120-126.

[6] 张鑫. 中国—东盟跨境农业科技合作模式与发展路径 [J]. 北京农业职业学院学报，2020 (1)：5-13.

[7] 郭静利，盛彩娇，李思经."一带一路"农业科技走出去的政策思考 [J]. 中国农业科技导报，2017 (11)：1-7.

[8] 温国泉，韦幂，陈格，等."一带一路"背景下中越农业科技合作探析 [J]. 南方农业学报，2019 (1)：208-214.

"一带一路"背景下中国—东盟高等教育合作的运行机制研究*

蓝 勋 夏国恩 杨 琴

（广西财经学院 教务处，广西 南宁 530007；
广西财经学院 校长办公室，广西 南宁 530007；
广西财经学院 金融与保险学院，广西 南宁 530007）

摘 要：本文在"一带一路"建设背景下，以"一带一路"下区域经贸格局变化为切入点，阐述中国—东盟高等教育合作与"一带一路"之间的相互影响、相互推进的关系，深度思考国家教育开放合作政策和高等教育合作实践，提出区域国际教育合作的必要性和意义。以人类命运共同体规范和引领高等教育合作，提出"共商共建共享"的中国—东盟高等教育共同体的新形态，构建教育合作的理念目标机制、高层沟通机制、磋商协调机制、人文交流机制和保障配套机制，以期进一步加快推进中国—东盟高等教育合作进程。

关键词：中国—东盟 高等教育合作 运行机制

[中图分类号] G64　　[文献标志码] A　　[文章编号]（2021）01-0052-13

一、问题的提出

随着"一带一路"进入实质推进阶段，中国进入全方位开放合作新格局。

---

* [基金项目] 广西财经学院海上丝绸之路与广西区域发展研究院课题"广西参与21世纪海上丝绸之路建设的对策研究"（2018YB007）；2018年广西财经学院应用经济学一流学科（培育）开放性课题"广西参与'一带一路'沿线国家人文交流合作的经济效益研究"（2018YB02）；广西财经学院2017年度青年教师科研发展基金项目重点项目（2017QNA05）；广西财经学院2020年大学生创新创业训练项目国家级创新项目"面向东盟金融开放门户的高等教育输出研究"（202011548006）。

[作者简介] 蓝勋，男，广西财经学院教务处助理研究员，研究方向：高等教育研究与公共经济学；夏国恩，男，广西财经学院副校长，教授，研究方向：高等教育管理、管理科学与工程；杨琴，女，广西财经学院金融与保险学院学生。

教育部颁发的《推进共建"一带一路"教育行动》提出"一带一路"教育共同体致力于推进民心相通、人才支撑和实现共同发展。习近平总书记在"十九大"报告中六次提及构建"人类命运共同体"。这些战略部署不仅为中国和东盟国家经济合作开辟了广阔前景,亦为中国与东盟国家教育开放合作与文化交流带来了前所未有的广阔空间和发展机遇。教育作为国家人才战略的根基,不仅能够以一种特殊的贸易形态直接推动区域经济发展,也能够通过国际人力资本培育和文化认同凝聚,最终服务于中国社会经济发展和东盟国家命运共同体构建。可以说,探讨中国—东盟高等教育交流合作机制已经成为中国对外经济合作、文化交流和构建人类命运共同体的一个重要议题。

二、"一带一路"倡议与中国—东盟高等教育合作

(一)"一带一路"倡议

1."一带一路"倡议背景简析

2013年9月和10月,中国国家主席习近平在出访中亚和东南亚国家期间,先后提出共建"丝绸之路经济带"和"21世纪海上丝绸之路"(简称"一带一路")的重大倡议。"一带一路"在陆地上连接亚太经济圈和欧洲经济圈,在海上联通欧亚非三个大陆,形成一个海上、陆地的闭环。中国新时期对外开放和对外经济合作的总纲领,不存在"谁在路上、谁在带上,谁不在路上、谁不在带上"的问题。

2015年3月28日,国家发展改革委、外交部、商务部联合发布了《推动共建丝绸之路经济带和21世纪海上丝绸之路的愿景与行动》,首次以官方文件的形式系统阐述了"一带一路"倡议。2015年5月7日,中国国家主席习近平对哈萨克斯坦进行访问,进一步推动"一带一路"建设。2017年,第一届"一带一路"国际合作高峰论坛在北京举行,打造了"建设总体目标、一个原则、三大使命、五条道路和八大合作领域"的"一带一路"理念和框架。初步形成了共商、共建、共享为一体的合作局面。

"一带一路"倡议以合作共赢为理念,以基础设施建设为核心的互联互通为基础,实施多元化的合作机制,落实到"五通"(政策沟通、设施联通、贸易畅通、资金融通、民心相通),打造利益共同体、命运共同体和责任共同体,构建新型区域经济合作机制。

2. "一带一路"与民心相通

习近平总书记强调，关系亲不亲，关键在民心。"国之交在于民相亲，民相亲在于心相通"。在操作层面，"一带一路"重点在于落实"五通"，民心相通是"一带一路"建设的社会根基，也是"五通"落地的关键。"一带一路"倡议不仅仅促进区域经济贸易和发展，也在教育、科技、文化、卫生等公共服务领域进行全方位合作。"一带一路"是民心相通的催化剂，国际合作和民心相通是"一带一路"的根基。民心相通在文化的相互了解、理解的基础上，传承和宣扬"丝绸之路"精神，促进文化交互，推动沿线国家人民的交往融合，实现增进信任、促进友谊、深化合作、共同发展的目的。民心相通是"一带一路"建设的民意基础，在多元文化沟通和国家战略规划方面起着纽带作用，在"一带一路"建设中发挥着根本性作用。在推进民心相通的重点合作领域中，文化交流、青年交往、人才交流、学术往来、科研合作等内容与教育息息相关，充分体现了教育的基础性、支撑性和引领性作用，教育合作与交流承担着独特的使命，有效推进"一带一路"建设，形成与"一带一路"倡议相匹配的新思维和新方式。

东盟是"一带一路"建设的优先区域，地处重要的战略位置，与中国经贸关系密切，内部的一体化更是增加了其影响潜力。高等教育合作是深化中国与东盟关系的有效载体，可以帮助双方增信释疑、沟通政策、储备人才、拉动经济。中国与东盟高等教育与文化合作是实现民心相通的重要途径，加强人员流动和机构合作，通过搭建联通民心和沟通政策的平台，助力"一带一路"互联互通，培养"一带一路"建设的各类人才，进行知识创新贡献能量，提供智力支持和人力支撑。2016年7月，在老挝万象举行的中国—东盟（10+1）外长会议上，王毅外长指出，要深化中国与东盟合作，重点打造以教育、文化和旅游为优先方向的人文合作新支柱。随着中国经济发展和综合国力的提升，我们在发展中国家的感召力快速提升，东盟国家学生来华学习的需求日益增加，推动了中国—东盟国家的高等教育与文化合作。

（二）"一带一路"倡议推进中国—东盟高等教育深度合作

1. "一带一路"倡议下中国—东盟经贸合作

东盟地处要冲，是"一带一路"建设的优先区域，是21世纪海上丝绸之路的重要起点，东盟已跃然为中国第三大贸易合作伙伴，而中国已成为东盟第一位次贸易伙伴。2015年底，中国—东盟自贸区升级谈判的成功有效推进《区域全面经济伙伴关系协定》（RCEP）谈判和亚太自由贸易区（FTAAP）的建设进程，健全了经贸合作机制。"一带一路"倡议和东盟的互联互通具有天然对接的属性,"一带一路"是以基础设施建设为核心的互联互通,构建"五通"的合作框架,这在一定程度上与东盟互联互通总体规划的框架目标大相径庭。在推进"一带一路"建设的巨大合作机遇下,全方位的产业合作已成为中国—东盟各国合作的重点领域,以中国—东盟自贸区为依托,推动双边在商品贸易、基础设施建设、产业合作、跨境产业园、现代服务业等领域的深度合作,中马钦州产业园、马中关丹产业园等"两国双园"模式成为中外经贸合作的典范。中国与东盟国家还共同开展中新互联互通南向通道、中缅油气管道、中泰铁路、中老铁路等重要项目合作;与东盟国家共建的柬埔寨西哈努克港经济特区、越南龙江工业园等。合作涵盖海关、检验检疫、金融、港口、物流、文化、科技、教育等超四十个领域,构建了多层次的合作机制,这极大地促进了中国与东盟地区合作的进一步加深以及各种重大项目工程的落实,拓展了"南宁渠道",为促进与"一带一路"沿线国家全方位多领域合作提供了重要的示范。据商务部数据显示,2018年中国与东盟贸易额达5876亿美元[①],创历史新高(见表1)。

表1　　　　　2013—2018年中国与东盟贸易状况　　　　　单位:亿美元

年份	中国向东盟出口	中国从东盟进口	贸易总额	贸易顺差
2013	2440.40	1995.58	4435.98	444.82
2014	2720.46	2082.40	4802.86	638.06
2015	2772.91	1944.75	4717.65	828.16
2016	2560.69	1963.09	4523.78	597.6
2017	2791.21	2356.96	5148.17	434.25
2018	3189.97	2686.10	5876.04	503.90

资料来源:《中国统计年鉴》。

2. 中国—东盟经贸合作对区域教育合作的影响

中国—东盟经济一体化建设为区域高等教育共同体建设创造物质基础,同时,也要求高等教育为区域经济一体化提供人才资源。现阶段中国在人才、技术和资本等方面的优势明显,而大多数"一带一路"国家由于缺乏人才、技术和资金,无力提升本国的经济水平,两者经济互补性较强。这种利益的一致性和经济的互补性为中国和沿线国家之间深化投资和产业合作提供了强大的动力和广阔的空间。区域经济合作的进一步深化,将对区域高等教育提出新要求,高等教育

[①] 在中国与东盟十国中,贸易额排前三的是:越南、马来西亚、泰国;中国向东盟出口排前三位的是:越南、新加坡、马来西亚;中国从东盟进口排前三位的是:马来西亚、越南、泰国。

要跨地域、跨民族和跨学校深度融合集群发展，用一定的模式或标准来统一管理，构建教育共同体。中国—东盟区域高等教育需要加强交流合作和资源共享，促进区域高等教育共同体集群发展。中国—东盟区域经贸发展会对我们传统的高等教育管理体制、发展模式、资源配置、利益格局、发展规划带来新的影响和挑战，高等教育改革已经从自发阶段进入到自觉阶段。中国—东盟教育合作应根据区域发展新要求，清除现行体制中不利于教育共同体进程的体制机制障碍和政策瓶颈，中国—东盟高等教育要构建教育共同体和提高区域教育竞争力、影响力，就必须敢为人先，用足"先行先试"政策，开拓东盟高等教育深度合作发展的新局面，中国—东盟高等教育共同体一旦实现，将引领和示范"一带一路"教育共同体建构，开创世界上独特的合作模式，产生独特的作用，可以为世界提供中国高等教育现代化方案和中国高等教育新版本，助推"双一流"和高等教育强国建设，为世界提供高等教育可持续发展的新经验、新启示，贡献中国参与世界教育治理新方案，也会为中国—东盟在世界高等教育领域谋得更大的话语权。

3. 中国—东盟高等教育合作有效支撑"一带一路"建设

教育与经济贸易一体化成为国际区域合作的重要发展趋势，高等教育是区域经济合作和发展转型的动力与支点。从教育的内外部规律来看，高等教育要遵循教育的外部规律，教育要政治、经济、社会、文化等协调发展，主动满足或适应经济社会发展需要，发挥教育的基础性和先导性作用，为经济社会发展提供必要的人才支撑和智力支持，与政治、经济、文化、科技等社会各子系统形成耦合关系。正如《推进共建"一带一路"教育行动》提出沿线各国携起手来，扩大开放、加强合作，聚力构建"一带一路"教育共同体，形成平等、包容、互惠、活跃的教育合作态势。以人类命运共同体理念规范和引领东盟区域高等教育合作，积极发挥高等教育在助力人类命运共同体建设上的积极作用。"一带一路"倡议下中国—东盟高等教育合作应在人才培养、科学研究、科技发展、社会服务和文化交流交融等方面履行高等教育的职责。

（1）高等教育合作培养"语言＋X"高素质复合型人才。世界经济发展的历史证明，一个国家或地区工业化和现代化水平的进步与丰富的人力资源紧密相关。生产过程中的能动要素的主体是人力资源，它应该是一种特殊的经济资源，东盟各国的合作发展，人力资源的质量和结构水平将起到关键的作用。"一带一路"倡议提出的"五通"重点内容在于民心相通，民心相通是"一带一路"建设的润滑剂和社会根据，民心相通重点在于培养大批熟知"一带一路"沿线国家与地区的"国别通、文化通"的高素质复合型人才和专业精英，为深入推进

"一带一路"建设提供重要支撑和保障。"一带一路"覆盖东盟、南亚、西亚、北非、欧洲等65个国家和地区，使用的官方通用语言有50余种，民族语言有200余种。深度融入建设"一带一路"需要在基础设施建设、经贸、资源、能源、技术研发等重要领域提供人才支撑和智力支持，这对区域国际化人才提出了更高的要求，需要具备一定跨文化语言交际能力、较强的业务能力、创新创业实践能力和交流合作能力等。必须紧紧抓住全球化的大潮，借助智能技术，快速转变全球化的时空概念，顺应全球化与市场化驱动的跨界、跨境、跨领域的合作，有效供给沿线国家培养本土化的人才。然而，目前中国的"丝路小语种"建设严重不足，教授的语种仅20种，语言已经成为中国与"一带一路"沿线国家交流合作的瓶颈之一，尤其是深谙技术又精通外语的复合型人才非常稀缺。中国高校应错位互补设置和调整"丝路"相关语言专业，建立专业动态调整机制，实施差异化发展战略，创新复合型人才培养模式，以人类命运共同体为引领，结果导向和持续改进，以应对变化、塑造未来为建设理念，以继承与创新、交叉与融合、协调与共享为主要途径，培养具有较强的语言交流能力、跨界领导力、全球视野、未来多元化、创新型、复合型人才。通过加大对"丝路小语种"人才培养的经费投入，改革招生政策，持续扩大和成立"丝路小语种"培训和实践基地，精心培育师资队伍，培养更多的跨境、跨界综合能力较强的语言服务复合型人才。通过完善中国—东盟大学联盟，构建资源共建共享交流平台，推进教育联盟机制建设，跨境合作培养丝路沿线国家急需人才。西南地区高等教育应谋划深度融入粤港澳大湾区高等教育集群发展，充分利用中国高等教育发达地区（北京、上海等）的资源优势、省部共建合作项目和西部对口支援计划政策开展教育合作，探索建立中国—东盟复合型人才培养合作模式，进一步提升高等教育服务"一带一路"建设的能力，为"一带一路"提供人才支撑和智力支持。

（2）高等教育合作提供科技支撑平台。中国—东盟高等教育合作的过程是知识要素在中国与东盟各国之间的移动与重新组合配置的过程。通过教育合作，诱导区域内生产要素和资源的合理配置，为均衡中国—东盟各国技术资本提供便利。建立健全教育合作机制，引进或合作共建科研机构，吸引大型企业与中国企业合作共建研发中心，寻求更大的教育发展空间，打造中国—东盟产业研发基地和科技合作示范区，开展学术讲座、技术交流、组织管理经验交流、科研合作、创业互助和国际交流合作等协同教育活动，推动"共育贡献、战略协作"的"科学共同体"和"创新共同体"建设，组织"一带一路"沿线国家和地区共同研究解决行业共性技术问题和面临的重大挑战，将重大研究成果转化并运用到

"一带一路"沿线国家的具体科技项目，为"一带一路"建设注入科技内涵，为"一带一路"建设提供科技保障和支撑服务。加快区域内产业结构升级，促进中国—东盟经济的增长。

（3）高等教育合作构建文化认同。中国和东盟国家在那文化、儒佛文化和华人文化有较强的认同理念，文化认同是区域发展的基础和交流合作的桥梁，通过文字、语言、行为、风俗、信仰和价值等形式体现出来。通过高等教育的交流合作，将共具的文化传递到"一带一路"沿线国家，将"丝路文化""丝路精神""丝路遗产"融入区域高等教育交流合作，增强文化认同，促进民相亲、心相通。

（4）高等教育合作服务"一带一路""五通"建设。通过跨境教育资源互补和协同发展，依据共商共建共享原则，加快推进与"一带一路"沿线国家在高等教育留学生教育、师资交流、合作办学、科研合作、学历互任、课程共建共享等方面的合作，促进教育和人文互联互通，为"一带一路"建设"五通"重点合作领域铺设"民心之路"，应用"科技之力"，供给"智力之源"，激发"创新之能"，提高高等教育融入建设"一带一路"的能力，促进"一带一路"建设各领域畅通发展，提高教育参与全球治理能力。

三、中国—东盟高等教育合作运行机制建构

（一）合作目标

1. 中外教育合作目标

综观相关工具书，中外教育合作的目标是为了解决跨境教育合作问题而采取的行动所要达到的目的、指标和效果。通过教育合作取长补短，互惠互利，培养双方需求的各类人才以及双方合作的友好使者。根据中外教育合作的相关法规、政策、模式、机制和合作实践情况，中外教育合作的目标是指教育合作主体依据一定教育需求，制定中外教育合作相关政策制度，完善中外教育合作体制机制所要达到的目的、指标和效果，具体而言，就是通过教育合作，促进教育机构在人才培养、科学研究、社会服务和国际交流合作等方面的管理机制改革，促进教育的本土化与国际化的深度融合，为高等教育现代化提供"中国智慧"。

2. 中国—东盟高等教育合作目标

中国—东盟高等教育合作是中国依托突出地缘和区位优势，以建设人类命运

共同体理念、增强教育援助力度、深化教育全球化实践以及发挥教育外交能力为政策取向,与东盟国家开展留学生教育、合作办学、科研合作、人文交流等教育实践活动,强化中外教育合作对教育教学改革和"双一流"建设的促进作用,推进教育管理体制机制改革。形成具有区域特色的教育合作机制设计和政策支撑,提炼区域教育合作的先进经验、典型案例、先行先试模式和合作路径,向他国积极展示和传播中国的教育经验与模式,惠及全球教育治理和教育改革,引领和示范"一带一路"沿线国家和地区高等教育治理和教育改革,促进中国高等教育走进世界教育中心,提升中国高等教育更好服务"一带一路"建设及参与重构区域治理秩序的能力,成为"南南合作"的典范,为全球教育改革发展和教育规则制定提供"中国方案"。

(二) 合作原则

1. 尊重差异

由于东盟各国政治制度、文化传统、风俗习惯、教育制度、宗教、语言、价值观不同,社会所处的发展阶段不同,经济发展也不均衡,决定了中国—东盟高等教育合作中诉求各异,参与积极性和话语权高低不同,可能在短期内难以达成博弈均衡。在教育合作中,是否关照到这些差异,这是确保合作能否成功的关键。应该求同存异,遵循高等教育的民族性和国家性,寻找高等教育的共性之处,借鉴影响高等教育发展的理念、制度和技术因素,探索教育改革的路径、模式和机制选择以及存在的共性问题和举措等,这也成为中国—东盟高等教育合作的重要基础。

2. 平等互惠

中国与东盟的教育交流合作,要坚持政府与民间并举,双边与多边并行的方针。一是平等,教育合作的国家不分大小、强弱、贫富,不论政治制度、文化传统和经济水平,在交流合作中尊重对方的主权和愿望,不要求任何特权或谋求霸权,使合作处于不对等状态。二是互惠,指利益或特权的相应让与,是交换的潜在机制,确保合作顺利进行。中国与东盟各国或地区均应给予双方同等待遇,即给予其他缔约方最惠国待遇或国民待遇,禁止任何形式的歧视性的做法、待遇等,坚持平等互惠的原则。

3. 共建共享

一是共商。共商是指集思广益,兼顾合作各方利益和关切。在教育交流合作中需要以共识为基础,通过共商增进相互理解、达成共识。在合作中将决策过程中经过协商不能达成妥协的问题搁置起来，求同存异。

二是共建。由于国家之间经济发展水平不同，难免出现发展的不均衡，呈现不同的教育竞争力。部分欠发达国家在教育方面投入不够，教育体系有待进一步健全、提质增效，在教育合作中相对不具优势条件，需要通过共建方式引入外部支持，携手教育的大开放、大交融。引入合作机制，有利于缩小发展差距。共建是务实推进教育合作的关键途径。

三是共享。在推进高等教育合作时应追求百花齐放的大利和遵循"达则兼济天下"的共享理念，以东盟国家和人民的教育诉求和民生需要为出发点和落脚点，取长补短、共享资源，互惠教育成果，让参与高等教育国际化的每一位师生获得实实在在的收益。

4. 优势互补

谈及高等教育合作，通常涉及合作双方高等教育的输入与输出。而通常许多人会片面地将输入或输出理解为单向的流动，也就是"输入"即是教育欠发达国家引入较为发达国家的教育，"输出"即是教育较为发达国家向欠发达国家的输出。因此，在中国与东盟诸国高等教育区域性合作的过程中，由于东盟各国教育发展水平参差不齐，"我国向东盟内欠发达国家学习什么"似乎成为一个大问题。然而，我们常说，文化并无好坏、优劣、高低之分，在一定程度上高等教育亦是如此，强调优势互补的原则。

（三）合作机制

中国—东盟教育合作的落实在于加快完善高等教育共同体的运行机制建设，加强对区域合作的制度协调。中国—东盟高等教育合作最关键是制度的协调。区域教育合作是一种互动行为，这种互动包括合作动力和非合作约束，我们应尽快建立符合教育规律的中国—东盟高等教育共同体的运行机制。从构建"人类命运共同体"出发，根据健全机制、统筹推进的原则，通过建立和完善一系列合作机制，重构中国—东盟高等教育合作体系。

1. 理念目标机制

高等教育国际合作关键在于价值导向。先进价值与理念是教育合作的保障和基础。习近平总书记多次提及人类命运共同体的构建和实践，这就要求区域教育合作应以此为价值坐标，规范和引领跨国教育合作，共商共建共享"一带一路"教育共同体。我们应跳出狭隘的民族和国家的角度，超越民族国家的思维局限，追求人类共同体利益，追求人类共生、共存、共在和共赢目标，以此为出发点构建中国—东盟高等教育合作的运行协同机制,服务于中国—东盟自由贸易区升级版的发展和"一带一路"建设,以培养适应区域发展需要人才为目标,不断扩大和深化高教国际交流和合作,共同培养出具有一定国际竞争力的复合型人才,开展科研和文化合作,促进"一带一路"民心相通,共建跨国学术共同体、世界青年共同体和社会责任共同体。

2. 高层沟通机制

区域跨境高等教育合作不可避免受到社会制度、经济水平、科技文化、语言、宗教信仰、风俗习惯、思维方式等的影响,中国与东盟国家教育体制机制、发展模式和发展理念的不同很大程度上影响了合作课程共建和学分互认。应建立一些区域、多边和双边高等教育合作平台和机制,如中国—东盟国家教育部长会议、"一带一路"高等教育联盟、中国—东盟大学校长论坛、大学生联谊会等,就中外办学、留学生教育、师资交流、课程共享、学分互认等政策沟通,签署教育交流协议。

此外,充分利用和深化中国—东盟博览会、中国—东盟商务与投资峰会、大湄公河次区域经济走廊论坛、北部湾经济合作论坛、中国—中南半岛经济走廊发展论坛、中国—新加坡经济走廊智库峰会、中国—新加坡经济走廊节点城市市长圆桌会议"五会三坛"平台,就教育合作问题进行高层沟通和交流,促进中国高等教育与东盟乃是"一带一路"国家的沟通、交流与合作,为实现"一带一路"教育共同体服务。

3. 磋商协调机制

建立教育合作交流问题多元协商机制。通过不定期研讨会、专题协商会以及进一步制度化的提案协商等方式建立健全中国与东盟国家政府协商平台机制,积极完善国家间重大问题协商机制。成立专门工作协调机构落实双方或多方高层对话、议题协商、成果采纳落实和反馈等机制,提升教育合作多元协商机制的社会效应。在"10+1"框架下,推进中国与东盟在教育和科技等领域建立定期部长级磋商机制,为常态化开展社会人文合作奠定制度基础。建立跨国高等教育的法制协调机制,协调中国—东盟教育共同体推进过程中遇到的困难和障碍,减少交易成本,促进区域教育协同共生。发挥南宁渠道的作用,积极推动中国—东盟教育高层磋商机制落户南宁,充分利用中国—东盟各种峰会和交流平台,协商教育交流合作问题,增进理解,平衡各方需求。

4. 人文交流机制

人文交流是中国与东盟对话与合作关系的薄弱环节。教育交流与合作是人文合作的优先领域,可通过搭建人文交流平台创新教育交流合作机制,一是通过顶层设计与下层推动相结合,深挖市场内在动力,充分发挥"中国—东盟教育交流周""中国—东盟青年事务部长会议"等创新性机制作用,促进双方人文交流,高度重视提升中国在东盟国家国际形象和积极影响力,扩大中国—东盟人员往来规模,创新教育交流机制。根据中国—东盟的区域发展需求,开展大数据、跨境电商、东盟小语种、国际旅游、康养护理、农业等专业人才培养和培训等。二是鼓励民间团体的互动交流。发挥中国—东盟市长论坛、大学智库联盟论坛、环太平洋大学联盟、亚洲太平洋国际教育协会等民间团体的沟通作用,充分利用南宁渠道,建立中国—东盟民间高端对话机制,争取把其列入中国—东盟博览会框架之中,使得中国—东盟民间交流制度化、机制化和常态化。定期组织教育民间组织和东盟国家开展教育交流、科研合作、讲座和成果巡展,推广中国教育经验,提高中国人文话语体系,贡献中国方案和智慧,提升国际影响力。三是完善人文交流合作机制。推动广西文化、文化产业、知识产权走出去,加大力度推动广西的电视剧、话剧、电影走进东盟,全面占领东盟市场,尤其是越南、老挝、柬埔寨、泰国市场,提高广西的话语权和知名度。探索中国与东盟各国合作办学新路子,建设中国东盟人才集聚区,为广西与东盟经济合作提供人才支撑。进一步扩大城市间的交流合作平台建设。

5. 保障配套机制

一是国家出台和实施区域教育合作促进政策,加大教育合作的经费投入,建立健全国际教育在招生、管理和服务机制及国际人才培养体系。充分挖掘面向东盟以及面向世界的具有特色的高等教育国际合作,把国际性和跨文化交流整合进本地高等院校的人才培养、科学研究、社会服务和国际交流合作中,提高国家教育竞争力。

二是进一步探索国际化人才培养的有效路径和配套机制。在科技部"发展中国家杰出青年科学家来华工作计划"框架下,全面启动实施"东盟杰出青年科学家来华入桂工作计划",合作培养青年科技领军人才,开展科研合作,共同解决区域面临的共性关键技术和区域治理问题,为构建东盟命运共同体贡献智慧和人才支撑。

三是实施中国—东盟创新人才培养工作。编制了多层次多结构人才培养、交流计划。实施百名东盟杰出青年科学家来华入桂工作行动计划、技术培训班、科技管理干部研修班等。

四是汇聚中国—东盟科技合作创新资源。为中国及东盟国家企业提供国际孵化创新平台,在东盟国家打造一批实验室和创新中心,推动区域科技合作、跨国技术转移,促进科技成果转化。

五是推动院校科研交流。加强与国外高等学校、科研院所共建联合研究机构,共同研发项目,共同培养人才。

参考文献

[1] 新华社. 推动共建丝绸之路经济带和21世纪海上丝绸之路的愿景与行动(全文)[EB/OL]. (2017-04-25)[2020-4-25]. http://ydyl.people.com.cn/n1/2017/0425/c411837-29235511.html.

[2] 中华人民共和国商务部综合司. 推动共建丝绸之路经济带和21世纪海上丝绸之路的愿景与行动[EB/OL]. (2015-03-30)[2020-4-23]. http://zhs.mofcom.gov.cn/article/xxfb/201503/20150300926644.shtml.

[3] 王亚军. 民心相通为"一带一路"固本强基[J]. 行政管理改革, 2019(3): 12-17.

[4] 李和章, 林松月, 刘进. 70年来中国与"一带一路"沿线国家的高等教育合作研究[J]. 河北师范大学学报(教育科学版), 2019(5): 79-88.

[5] 韩进, 杨佳, 尹宁伟. "一带一路"背景下中国—东盟高等教育合作的路径选择[J]. 河北科技大学学报(社会科学版), 2019(2): 102-106.

[6] 周谷平, 罗弦. 推进中国—东盟高等教育合作的意义与策略——基于"一带一路"的视角[J]. 高等教育研究, 2016(10): 37-41.

[7] 新华社. 王毅:迈向更加紧密的中国—东盟命运共同体[EB/OL]. (2016-07-26)[2020-4-25]. http://www.xinhuanet.com/world/2016-07/26/c_1119278266.htm.

[8] 人民日报海外网. "一带一路"带动下,中国东盟经贸合作走深走实[EB/OL]. (2019-09-21)[2020-4-25]. https://baijiahao.baidu.com/s?id=1645231282692896108&wfr=spider&for=pc.

[9] 冯其予. 中国与东盟区域经济一体化进程加速[N]. 经济日报, 2019-08-01.

[10] 朱建成, 王鲜萍. 粤港澳高等教育一体化研究[J]. 战略决策研究, 2011(3): 69-85.

[11] 刘玉成. 中国—东盟高等教育区域性合作的方略研究[J]. 广西教育, 2013(35): 4-6.

[12] 中华人民共和国教育部. 教育部关于印发《推进共建"一带一路"教育行动》的通知[EB/OL]. (2016-07-15)[2020-4-26]. http://www.moe.gov.cn/srcsite/A20/s7068/201608/t20160811_274679.html.

[13] 周作宇, 马佳妮. 人类命运共同体:高等教育国际合作的价值坐标[J]. 教育研究, 2017(12): 42-50, 67.

[14] 周谷平, 阚阅. "一带一路"战略的人才支撑与教育路径 [J]. 教育研究, 2015 (10): 4-9, 22.

[15] 辛越优, 阚阅. "一带一路"倡议下的高等教育合作: 国家图像与推进战略 [J]. 高等教育研究, 2018 (5): 101-109.

[16] 张东. "一带一路"急需复合型外语人才 [N]. 中国教育报, 2017-09-15 (5).

[17] 蒙聪惠, 陈英. 论中国—东盟高等教育国际合作 [J]. 特区经济, 2007 (11): 109-110.

[18] 中国网地产. 中科院院长介绍中国科学院科技支撑"一带一路"建设成果情况 [EB/OL]. (2017-05-09) [2020-4-25]. http://www.gov.cn/xinwen/2017-05/09/content_5192108.htm#1.

[19] 李建平. 文化认同理念与中国—东盟文化产业合作发展 [J]. 沿海企业与科技, 2007 (2): 1-3.

[20] 林金辉. 中外合作办学的政策目标及其实现条件 [J]. 教育研究, 2018 (10): 70-75.

[21] 王喜娟. 中国—东盟高等教育区域性合作的基本原则 [J]. 高等农业教育, 2015 (2): 37-40.

[22] 郑醒尘. 遵循共商共建共享原则实现合作共赢 [N]. 中国经济时报, 2017-12-20.

[23] 许利平. 战略伙伴关系框架下的中国—东盟合作 [J]. 当代世界, 2013 (10): 36-39.

[24] 刘稚. 经济全球化与区域一体化下的中越"两廊一圈"合作 [J]. 当代亚太, 2006 (10): 26-29, 58.

我国会展企业开拓东盟市场的机遇和策略*
——以 CAFTA 升级版背景下广西品牌展览会为例

钟 颖 鄂筱曼

(广西财经学院 工商管理学院,广西 南宁 530003;
广西财经学院 国际经济与贸易学院,广西 南宁 530003)

摘 要:本文在梳理中国—东盟自由贸易区(CAFTA)建设进程、归纳广西品牌展览会情况的基础上,分析 CAFTA 升级版背景下广西品牌展览会发展面临的七个机遇:区域内各国政府积极推动产业合作、区域内各国企业有意打造互补产业链、区域内各国谋求通过科技合作提升自主研发能力、东盟国家希望本国有更多产品出口到中国市场、区域内各国间的海陆空交通更为便捷、区域内国家的商协会交流不断增加、东盟国家对广西品牌展览会的接受程度高。围绕这些机遇,提出了广西品牌展会拓展东盟市场的七个策略。

关键词:CAFTA 升级版 广西品牌展会 东盟市场

[中图分类号] F061.5   [文献标志码] A   [文章编号] (2021) 01 – 0065 – 12

一、中国—东盟自由贸易区(CAFTA)升级版的提出和建设过程

中国—东盟自由贸易区(以下简称自贸区或 CAFTA)是中国与东盟 10 国共同议定构建的,其目的是取消所有货物的关税和非关税壁垒、实现涵盖众多部门的服务贸易自由化、建立开放和竞争的投资机制、便利和促进中国与东盟相互投

---

* [基金项目] 2016 年度广西财经学院工商管理学院学科建设研究课题"基于中国—东盟市场的广西组展企业战略研究"(课题编号:GSXK – YB – 04);2015 年广西哲学社会科学规划研究课题"基于内外向产业融合的广西会展业协同发展研究"(批准号:15FGL003)。

[作者简介] 钟颖,广西财经学院工商管理学院,副教授,研究方向:会展经济与管理、活动项目管理、人力资源管理;鄂筱曼,广西财经学院国际经济与贸易学院,讲师,研究方向:国际商务、会展经营与管理。

资。中国—东盟自由贸易区于 2010 年 1 月 1 日正式启动，惠及中国和东盟国家共计约 19 亿人口，是世界上拥有消费者最多的自由贸易区。2013 年 9 月 3 日，在第十届中国—东盟博览会和中国—东盟商务与投资峰会上，李克强总理提出"打造中国—东盟自由贸易区升级版"、开启中国与东盟 10 国双边合作的"钻石十年"的倡议。2014 年 8 月 26 日，第十三次中国—东盟经贸部长会议正式宣布启动中国—东盟自贸区升级版谈判。2015 年 11 月 22 日，中国总理李克强在吉隆坡同东盟 10 国领导人共同见证《中华人民共和国与东南亚国家联盟关于修订〈中国—东盟全面经济合作框架协议〉及项下部分协议的议定书》（以下简称《议定书》）签字仪式，标志着中国—东盟自贸区升级谈判全面结束，自贸区升级版启动。《议定书》是中国在当时自贸区基础上完成的第一个升级协议，涵盖货物、服务、投资、经济技术合作等领域，是对原有协定的丰富、完善和补充，体现了双方深化和拓展经贸合作的共同愿望和现实需求。CAFTA 升级版的启动，为中国和东盟国家双方经济发展提供了新助力。CAFTA 升级版的现实意义不仅仅是"通过谈判实现的拥有更多优惠和便利政策的自由贸易区"，而且还让自贸区成为"市场充分对接、产业深度融合、政策有效协调的贸易区"。

展览会是中国与东盟 10 国各领域交流合作的强大助推器。中国—东盟自由贸易区升级版的提出和建设过程，为广西品牌展览会开拓东盟市场提供了非常好的机遇。

二、广西品牌展会的基本情况

品牌展览会是指具有一定规模，能代表行业发展动态，能反映行业发展趋势，对行业发展有指导意义并具有较强影响力的展览会。品牌展会的基本特征是：有较高的知名度；有较大的规模效应；有较强的权威性；有规范的服务和完善的功能。参照上述的品牌展会概念和特征，收集整理广西品牌展览会及其基本情况，如表 1 所示。

表 1　　　　　　　　　广西主要品牌展会的基本情况

序号	展会名称	举办地	举办时间	主承办者	展会基础和成效
1	中国—东盟博览会（含主会场、农展会场、轻工展会场）	南宁国际会展中心、广西展览馆；华南城会展中心	每年 9 月或 10 月	主办：中国及东盟国家 11 国 12 方；承办：广西人民政府	第十五届东博会展览总面积 12.4 万平方米，展位数 6600 个。其中，东盟及区域外展位数 1594 个，参展企业 2780 家。举办 91 场经贸促进活动。70 个国家和地区采购商参会。

续表

序号	展会名称	举办地	举办时间	主承办者	展会基础和成效
2	中国—东盟国际汽车展览会	南宁国际会展中心	每年12月	主办：东博会秘书处、中国汽车流通协会、中国汽车工业国际合作公司、尚格会展股份公司；承办：南宁尚格会展公司等	10年的办展历史。2017年车展展出面积近8万平方米，吸引80余个国内外主流汽车品牌进驻。展会秉持"大规模、高规格、高品质"的理念，为消费者打造高效优质的交易平台。
3	广西大健康养生产业博览会	南宁国际会展中心	每年12月	主办：广西日报传媒集团；承办：南宁共好时代会展公司、广西日报传媒集团全媒体营销中心与广告中心	广西健博会是专业展与消费展的结合体，2017年展示面积约3万平方米，参展商分为四类：医疗机构、药品、保健养生、月子中心类；绿色家装、养老地产、长寿之乡类；健康电子产品、家电展区类；名优特产、茶叶茶具、陶艺工艺美术类。
4	广西房地产博览会	南宁国际会展中心	每年5月	主承办：广西日报传媒集团	办展历史17年，已成为广西楼市的风向标和晴雨表。2018年房博览会吸引了100多个楼盘项目、100多家家装建材企业及土地市场参展；展会努力搭建覆盖土地资源、城市运营、房地产投融资等全产业链上下游行业信息交流一体化平台。
5	南宁国际学生用品交易会暨中国—东盟（南宁）国际教育展览会（简称学交会）	南宁国际会展中心	每年暑假期间	主办：南宁市人民政府、中国贸促会广西分会；承办：南宁市教育局、广西教育装备行业协会、南宁国际会议展览公司等	学交会已累计举办22届，是南宁市政府倾心打造的文化品牌展会之一。2018年展会展出总面积约4万平方米，各种活动精彩纷呈，三天观众进场总数约10万人次。
6	中国糖业博览会	南宁国际会展中心	每年5月	主办：中国糖业协会、广西糖业发展办公室；承办：广西国际博览集团有限公司	2019年，展会面积达3万平方米，参展参会企业超800家，展示产品100多个种类，展示范围扩大到泛糖产业全产业链。因广西食糖产量占全国的60%以上，此展会发展潜力大。
7	广西食品交易博览会	南宁国际会展中心	每年7月份或8月	主办：广西食品工业协会；承办：南宁环博会展公司	广西专业性强、层次高、交易量大的食品酒类行业招商展会。已举办17届，据不完全统计，前十六届累计展出面积20.8万平方米，累积参展企业数5600余家，到场人数22.8余万人。

续表

序号	展会名称	举办地	举办时间	主承办者	展会基础和成效
8	中国西南（广西）新能源电动车及零部件展览会	南宁国际会展中心	每年5月	主承办：南宁共好时代会展公司等	2018年展会展出面积3万平方米，600多家整车及相关配件厂商参展，3.6万专业观众到场。据不完全统计，展会期间总成交额近4亿元人民币，越南采购团与中国企业现场成交约8600万元人民币。
9	中国—东盟博览会旅游展	桂林国际会展中心	每年10月	主办：国家旅游局、广西政府；承办：广西旅游发展委员会、中国—东盟博览会秘书处、桂林市政府	国家级展会，2015年永久落户桂林；2018年展会共有54个境外国家和地区，国内20个省（自治区、直辖市）、广西区内14个市组团参展参会，参展商超过800家，专业观众达6000名，参观公众达16万人次。
10	广西名优特优农产品交易会	2018年第15届在桂林国际会展中心，2019年第16届在广州保利会展中心	每年8月、12月	主办：广西壮族自治区人民政府等；承办：广西壮族自治区农业厅、工业和信息化委、商务厅、桂林市政府等	已举办16届；第十五届年农交会展厅总面积2.6万多平方米，标准展位860个，1000家企业参展，集中展出绿色、有机、无公害产品。该展会已成为展示广西农业新技术、新产品、新成果，促进现代农业大交流、大合作、大发展的合作盛会。
11	中国—东盟林木展	南宁国际会展中心	每年的11月或12月	主办：广西政府、国家林业和草原局；承办：中国—东盟博览会秘书处、中国林产工业协会、广西林业厅	已举办8届，是中国—东盟博览会旗下规模最大的专业展，境外展商比例达25%。2018年展览规模3万平方米，设置了中国—东盟林业国际贸易论坛等一系列有分量配套活动。
12	梧州国际珠宝展	毅德博览城会展中心（主会场）、宝石城和宝石大厦	每年10月	主办：中国珠宝玉石首饰行业协会、中国—东盟博览会秘书处、梧州市人民政府；承办：梧州市商务局、广西梧州宝玉石饰品商会	梧州市是世界上最大的人工宝石加工和贸易集散地，年产量约占国内人工宝石的80%，世界的70%；展会已举办14届，规模和影响力不断扩大；目前梧州珠宝展已演变为梧州宝石节，2017年梧州宝石节开幕式上签约各类项目投资总额317.6亿元。

续表

序号	展会名称	举办地	举办时间	主承办者	展会基础和成效
13	中国（玉林）中医药博览会	玉林会展中心、银丰国际中药港	每年9月	主办：中国中药协会和中国医药保健品进出口商会主办；承办：玉林市政府、中国—东盟博览会秘书处、广西商务厅、广西食品药品监督管理局、广西中医药管理局、广西医科大学、广西中医药大学等	已举办10届，展会曾获"2011—2012年度中国优秀品牌展会奖""中国十大优秀特色展会"等殊荣；广西中草药物种居中国第二位。玉林市是广西中药材主产区，拥有中国南方最大的中药材专业市场，有产销学研完整产业体系；2018年药博会展位1560个，国内外1540多家企业、商户参展，30多万人次观展。
14	玉林中小企业商机博览会	玉林毅德国际商贸城等	每年9月	主办：中国—东盟博览会秘书处、中国中小企业发展促进中心、自治区工信委、自治区商务厅、自治区旅发委、自治区农业厅、玉林市人民政府	该展会以"中小企业大经济，玉林博览新商机"为主题，旨在推动中小企业产业结构升级，促进商贸的繁荣发展。2017年展示面积5万平方米，有来自亚洲、欧洲、美洲等20多个国家和地区，国内31个省（市、自治区、特别行政区）的客商参加展会。
15	中国—东盟（柳州）汽车工业博览会	柳州国际会展中心	每年9月（整车展）、10月（零部件展）	中国汽车工业协会、广西壮族自治区商务厅、柳州市政府等单位主办	柳州汽车年产量在全国城市排名中位居第三；该展会以"产业合作 互利共赢"为主题，致力于打造中国汽车后市场专业采购、中国汽车零部件对东盟出口、中国与东盟汽车产业交流合作的崭新平台。2017年展会吸引参观人数约16万人次。

三、CAFTA升级版背景下广西品牌展会发展的机遇

品牌展会的发展依赖于所辐射区域的产业基础、市场规模、交通便利、政策支持等。中国和东盟10国共同打造的中国—东盟自由贸易区升级版为广西品牌展会的国际化发展提供了难得的机遇。

（一）中国与东盟10国政府积极推动双方产业合作

中国和东盟10国的政府都愿意在遵循商业原则、国际惯例的基础上，发挥各自比较优势，共同探索双方合作的模式、机制和渠道，各国普遍认为应从产业

契合度高、合作愿望强、基础条件好的行业领域入手，增强合作实效。2016 年 9 月中国与东盟国家共同发表了《中国—东盟产能合作联合声明》，将中国与东盟国家双方产业合作引入了新阶段；中国政府提出的"一带一路"倡议获得了多数东盟国家的积极响应，中国与东盟各国产业合作的进程加快。中国与东盟国家在产业合作广度、深度方面的提升给广西品牌展会在项目选题和内容设计上提供了更多的机会。

（二）中国与东盟 10 国的企业均有意打造互补产业链

产业链的本质是具有某种内在联系的企业群结构，企业可以通过产业链的联系实现价值的交换。就某个行业的产业链而言，中国和东盟国家的企业可能各具优势，都希望在产业链的价值交换中发挥作用，实现优势互补和价值增值。而举办展览会的目的往往就是为这些产业链中的企业提供有效的价值对接机会。中国企业和东盟国家企业有意加强产业链合作的愿望给广西品牌展会吸引更多的企业、商家参展参会、扩大展会规模提供了很好的机会。

（三）中国与东盟 10 国均谋求通过科技合作以提高自主研发能力

中国和东盟国家之间的科技合作随着"一带一路"倡议的推进正日益紧密，各国在加快打造中国—东盟科技创新共同体，努力成为国际区域科技伙伴。2012 年，中国与东盟 10 国的科技部在南宁共同启动了"中国—东盟科技伙伴计划"，该计划明确了把现代农业、生物医药、新能源与可再生能源、节能环保和电子信息作为未来双方 5 大重点科技合作领域。中国与东盟国家在"科技合作"方面的强大需求使广西品牌展会有机会邀请更多的高科技企业参加展会，使展会的科技含量增加、品牌影响力加强。

（四）东盟国家希望有更多产品实现对中国的出口

自 2010 年中国—东盟自贸区建成以来，中国与东盟国家的商品互通全面实行零关税协定，近年双边贸易额年均增长超过 10%，中国许多企业产品实现了对东盟国家的出口，而东盟国家也希望在对等的情况下，有更多的产品能实现对中国的出口。广西有些会展企业在市场潜力大的越南、柬埔寨、缅甸 3 个国家组织了中国品牌消费品出口巡展，这类巡展在促进中国产品出口方面的效果不错。但基于东盟国家产品进口到中国市场的独立展会项目却没有，据巡展主办方人员介绍，有相当多的东盟国家企业希望参加以东盟国家产品出口到中国为主题的展览会，这给广西品牌展会开发进口展项目或增设进口产品展区带来了极好的机会。

（五）广西与东盟国家的海陆空交通越来越便捷

基础设施建设是中国东盟互联互通的先行者，基础设施的建设为中国东盟双方提供了更为便捷的海陆空交通线。近年来，广西大力推进面向东盟的国际大通道建设，到 2017 年 9 月累计开通国际道路运输线路 15 条，其中客运线路 10 条、货运线路 5 条。广西北部湾区域的港口与东盟国家的 47 个港口建立海上运输往来。广西高铁里程已达 1751 公里，位居全国各省区前列，广西已与周边四省开通高速铁路。在高速公路方面，南宁至越南河内高速公路不久后将全线通车。2018 年广西区内机场年旅客保障能力提升至 3500 万人次，其中东盟航线旅客吞吐量突破 110 万人次，创历史新高。至 2019 年 1 月，广西与东盟航线总数达 31 条，东盟通航城市增至 23 个，基本覆盖东盟主要城市。便利的海陆空交通条件，将使广西的品牌展会吸引到更多的东盟国家参展参会客商。

（六）广西与东盟国家的商协会交流不断增加

广西商协会与东盟国家商协会交流的增加有助于建立中国企业与东盟国家企业的长效联系机制。广西的品牌展会为中国与东盟各国之间的经贸合作交流架起了桥梁，作为展会支持单位的各国商协会，是这座桥梁坚实的支柱，比如第十三届中国—东盟博览会与 41 家商协会签订协议，除了中国的商协会外，来自东盟各国的商协会有缅甸工商联合会、泰国工商总会、柬埔寨总商会、老挝国家工商会、越南工商会、马来西亚—中国总商会、新加坡工商联合总会、文莱中华总商会、印尼中华总商会、菲律宾—中国工商联合会等。商协会给予展会的作用是增加展会的权威性，帮助宣传推介展会，组织企业会员参加展会等。广西与东盟各国商协会交流的不断增加，使得广西品牌展会能获得更多商协会的资源支持，提高展会影响力，吸引更多会员参加展会。

（七）东盟国家对广西品牌展会的接受程度高

自 2010 年中国—东盟自贸区成立以来，广西与东盟的贸易额年均增长达到 22%，东盟已经连续 19 年成为广西的最大贸易伙伴。如此成绩的取得与以"中国—东盟博览会"为龙头的广西品牌展会被东盟国家肯定和接受是直接相关的。表 2 为历届中国—东盟博览会参展参会的基本数据，表 3 为第十三届中国—东盟博览会东盟 10 国参展数据。

表2　历届中国—东盟博览会基本数据①

项目	总展位数（个）	展览面积（万平方米）	东盟展位数（个）	参展企业总数（家）	参展参会客商人数（人）
第1届	2506	5	626	1505	18000
第2届	3300	7.6	696	2000	25000
第3届	3350	8	837	2000	30000
第4届	3400	8	1126	1908	33480
第5届	3400	8	1154	2100	36538
第6届	4000	8.9	1168	2450	48619
第7届	4600	8.9	1178	2200	49125
第8届	4700	9.5	1161	2300	50600
第9届	4600	9.5	1264	2280	52000
第10届	4600	8	1294	2300	55000
第11届	4600	11	1223	2330	55700
第12届	4600	10	1247	2207	65000
第13届	5800	11	1459	2670	65000
第14届	6600	12.4	1523	2709	77255
第15届	6600	12.4	1446	2780	85000
合计	66869	138.2	17400	33800	746317

表3　第十三届中国—东盟博览会东盟10国参展情况②

国家	第十三届总展位数	重复参展率（%）
文莱	29	0
柬埔寨	141	68.42
印尼	103	25
老挝	194	53
马来西亚	229	28.29
缅甸	178	29
菲律宾	53	58.3
新加坡	50	66.67
泰国	203	50.92
越南	275	41.61

① 资料来源：中国—东盟博览会官网。
② 资料来源：中国—东盟博览会官网。

从表 2、表 3 中数据可知，中国—东盟博览会的展览面积、东盟展位数逐年增加，说明中国—东盟博览会的商机被东盟国家客商肯定；东盟 10 国的重复参展率普遍较高，说明中国—东盟博览会作为品牌展会的吸引力在不断增强。根据对广西其他品牌展会的现场考察，亦了解到广西其他品牌展会被东盟国家客商的接受程度也越来越高。

四、CAFTA 升级版背景下的广西品牌展会市场拓展策略

中国—东盟自贸区升级版的建设极大地促进了中国—东盟双边行业合作与产业对接、贸易规模及双向投资规模的扩张、海陆空交通条件的快速改善、科技领域的深度合作、商业组织的互动交流、东盟国家客商对广西展会的了解，这为广西品牌展会拓展东盟国家市场，以解决自身发展的问题提供了很好的机遇。基于目前打造 CAFTA 升级版的现状和前景，广西品牌展会可制订如下东盟市场拓展策略。

（一）依托中国与东盟国家间开展产业合作的领域拓展展会市场

《中国—东盟产能合作联合声明》提到：鼓励以商业原则为主导的产能合作，使双方产业的生产和需求相匹配；重点推动在双方具有比较优势的行业领域开展符合各自优先发展方向和发展水平的合作。广西的品牌展会可利用自身地理位置上的优势，积极寻找中国及东盟国家具有比较优势的行业，搭建双方交流合作的展会平台。比如在矿产资源勘查和开发方面，中国和东盟国家有各自的优势，双方合作的意愿也比较强烈，因此，广西的品牌展会可以与每年都在南宁举办的中国—东盟矿业发展论坛合作，打造新的以"矿业合作"为主题的品牌展会项目或原有品牌展会的子品牌项目；又如柬埔寨与中国开展太阳能领域产业合作的愿望，广西品牌展会可抓住这样的机遇，到柬埔寨举办以"太阳能产业合作"为主题的展会。

（二）围绕中国—东盟产业链互相钳制进行展会策划

中国—东盟产业钳制是指依据中国与东盟国家的比较优势，打造优势互补产业链，形成互利共赢的发展格局。因此，广西品牌展会可在中国与东盟国家寻找更多在某个产业链拥有比较优势的组织或机构，并邀请他们参加展会。比如前述的中国糖业博览会可深入研究制糖产业的循环经济产业链，并邀请在产业链各环

节，如甘蔗肥料、甘蔗品质、甘蔗种植、甘蔗压榨、酒精生产、制药、复合肥生产、纤维造纸、废纤维发电、化工产品、蔗糖仓储和运输、食品工业等环节中具有比较优势的中国和东盟国家企业参展，形成制糖产业中上下游企业互相钳制、资源共享、互利共赢的局面。又如中国—东盟博览会的咖啡展，加工速溶咖啡需要小粒咖啡和中粒咖啡，我国云南主要种植的是小咖啡，越南种植有不少中粒咖啡，因此越南的咖啡种植企业就可以和中国的咖啡种植企业在产业链中形成钳制关系。广西的品牌展会，比如中国—东盟博览会的咖啡展应该关注和研究这种钳制关系，并积极争取具有钳制关系的中国和东盟国家企业参加展会。

（三）增加科技合作的内容以吸引更多东盟企业和商家参加展会

中国与东盟国家都在谋求通过提升自主的研发能力实现产业的升级。要实现双方的产业自主升级能力，根本的途径是双方进行针对性的以产业共同升级为目的的科技合作。因此，广西的品牌展会可围绕展会所涉及的行业，增加行业中科技合作的内容以吸引更多中国企业和东盟企业参加展会。广西品牌展会围绕科技合作所设定的内容应包括促进双方科技合作政策或机制创新的交流、促进中国对东盟国家中经济发展水平落后国家的技术援助。广西的品牌展会通过凸显科技合作的内容，亦是向东盟国家的展商和观众表明：中国不是让东盟国家成为中国的原料产地和商品消费市场，而是希望通过科学技术上互相帮助，增强各自的发展能力，只有这样才会有更多企业愿意参加广西的品牌展会。

（四）开发促进东盟国家优质产品进入中国市场的展会项目

近年来，随着中国经济的快速发展，市场需求越来越庞大，中国逐渐具备了作为东盟国家产品最终市场的能力。虽然目前中国在东盟最终产品出口市场中所占的份额不如美国和日本，但是中国进口东盟最终产品所占东盟出口产品的比重呈上升趋势，而美国和日本呈下降趋势。广西品牌展会应主动抓住这一重要商机，利用自身的展会平台或开发新的展会项目，努力帮助东盟国家的企业对接中国买家，实现东盟国家产品在中国的销售，以此扩大展会对东盟国家展商的吸引力，加速展会国际化进程。比如，广西的品牌展会可以借鉴台湾名品展的运作模式，策划东盟国家名品展，并在中国各地选择有市场力的地方举办展会，推广东盟国家优质产品。组展企业应通过东盟产品展对东盟国家的产品进行宣传推广、突出东盟展团受众面，搭建东盟消费品展商开拓中国市场的专业展示交易平台。

（五）在中国与东盟国家间海陆空交通线的重要节点布局展会项目

便捷的交通条件是展会成功的重要条件之一。在中国与东盟国家便捷海陆空交通线重要节点的区域必将成为中国东盟双方产业合作或市场对接的重点区域。因此，广西的组展企业应主动研究中国东盟互联互通战略实施过程中交通条件改善的情况，根据交通条件以及沿线区域的产业发展、市场需求情况，布局贸易或投资类的展会项目，促进中国与东盟的产业和市场对接。比如，可以在中国与东盟国家往来交通便捷的越南河内市、胡志明市、柬埔寨金边市等地布局广西的品牌电动车展、建材展、农产品展、教育展，以及海洋产业合作投资类展会等；在泰国曼谷布局桂林中国—东盟博览会旅游展的国外展、玉林的中国中医药博览会子项目等；在新加坡布局高新制造业、新能源和现代服务业投资类展会；在马来西亚布局电子业投资类展会和清真食品投资类展会等。这些由广西品牌展会拓展到东盟国家的展会项目，可以以独资、合资、合作的方式举办。

（六）展会组办方与中国或东盟国家的商协会建立紧密联系

行业协会、商会在贸易交往和持续方面的作用非常重要，因此广西的品牌展会要积极发挥中国和东盟国家的行业协会和商会在展会中的桥梁作用。广西的品牌展会主办企业可从以下几个方面推动相关工作。第一，展会企业主动加入中国或东盟国家的各类行业协会或商会，尤其是加入会员规模大、整体财力雄厚、合作愿望强、诚实守信的品牌行业协会和商会。第二，努力促进中国与东盟国家双方行业协会或商会的沟通和接触，化解彼此不必要的竞争，共同做大蛋糕。第三，利用协会或商会的会员资源，开发能够满足会员贸易需求和投资需求的展会活动内容或项目，使参展客商的数量和质量得到提高。第四，广西组展企业要促进行业协会或商会培植一批外贸综合服务企业，通过高效率的服务模式，为参加展会活动的企业提供全面的、针对性的外贸方面的专业服务。第五，发挥海外华人华侨的作用，加强行业商协会的交流合作。

（七）成立品牌展会联盟抱团开拓东盟市场

广西品牌展会主承办机构，有的是政府直管单位、有的是新闻媒体单位、有的是商协会、有的是经验丰富的会展公司，均有各自的优势，各展会机构应构建品牌展会机构联盟，凝聚力量，形成规模，利用东盟国家对广西品牌展会接受度提高的机遇，共同拓展东盟市场。在联盟的构建中，应采用市场化运作方式，通过利益机制，促成展会机构的合作。广西博览局、广西博览集团公司、桂林博览局、玉林博览局、广西日报社传媒集团、尚格会展公司、华巨臣会展公司等资源整合能力强的展会主承办机构应参与或支持联盟的建立，并给予联盟内其他展会企业以帮助。联盟可以吸收展会策划、场馆租赁、配套服务等领域的优质企业参加。联盟要主动与相关单位建立联系机制，这些单位包括海关、商检局、贸促会、工商联、各行业协会、各进出口商会等，以取得这些单位的支持和帮助。联盟应构筑综合服务平台，包括信息平台、展商对接平台、展会技术支持平台、安全防范平台、宣传平台，全方位服务中国和东盟国家参展参会客商。

五、结语

广西是21世纪海上丝绸之路和丝绸之路经济带有机衔接的重要门户，2019年8月2日，中国国务院同意设立中国（广西）自由贸易试验区，广西迎来了全面发展的大好时机，广西的品牌展会应在CAFTA升级版背景下，利用好自身优势，抓住拓展东盟市场的机遇，通过开发新的展会内容，延伸展会价值链，加快实现展会招商招展能力、客商服务能力的升级，推动中国与东盟10国开展以产业合作为重点的多领域交流与交易，并产生实效。在此过程中，广西乃至中国其他区域的众多品牌展会亦将获得快速成长，成为有市场吸引力国际品牌展会。

参考文献

［1］杨宏恩，孟庆强. 市场对接、产业融合与打造中国—东盟自由贸易区升级版［J］. 求是学刊，2016（7）：52-56.

［2］中国—东盟博览会官网. 第15届中国—东盟博览会和商务与投资峰会：推动中国—东盟友好合作取得新成果［EB/OL］.（2018-09-15）. http：//www. caexpo. org/index. php?m = content&c = index&a = show&catid = 119&id = 228611.

［3］人民网. 广西壮族自治区2017年《政府工作报告》［EB/OL］.（2017-01-20）. http：//leaders. people. com. cn/n1/2017/0120/c58278-29037925. html.

［4］中华人民共和国商务部. 广西与东盟经贸合作成果丰硕［EB/OL］.（2019-08-07）. http：//www. mofcom. gov. cn/article/resume/n/201908/20190802888487. shtml

［5］新华网. 中国—东盟产能合作联合声明［EB/OL］.（2016-09-08）. http：//news. xinhuanet. com/world/2016-09/08/c_ 1119528481. htm.

基于贸易依存度的中国与东盟贸易空间规划优先级分析

李 伟　周晓寒

（广西财经学院　经济与贸易学院，广西　南宁　530003
广西财经学院　管理科学与工程学院，广西　南宁　530003）

摘　要：21世纪是海洋发展的新世纪，海洋强国战略不仅是维护我国海上利益的重要举措，更是保证国家安全的必然选择。本文通过数学模型的建立来说明经济因素是我国实施海洋强国战略的支柱。而中国与东盟的贸易空间和经贸合作对经济发展起主要推动作用，改善我国与东盟国家的贸易依存关系，创造产业和政府的"优先级"合作机制，规划合理贸易空间，对海洋强国战略有着深远的影响。

关键词：空间规划　海洋强国战略　中国—东盟自由贸易区　国际贸易

[中图分类号] F742　　[文献标志码] A　　[文章编号]（2021）01-0077-12

一、国内外研究的现状及意义

（一）国内外综述

1. 在中国与东盟国家贸易依存关系方面

朱怡然（2014）认为中国与东盟国家间竞争性和互补性的差异，导致在中国—东盟自由贸易区启动后，不同产业发生不同的贸易效应。蒋冠与霍强（2015）通过实证分析得出，中国对东盟国家进出口贸易潜力总体属于"潜力开拓型"，且近年来贸易潜力有扩大趋势。

[作者简介] 李伟，男，广西财经学院经济与贸易学院讲师，硕士，研究方向：国际商务与国际贸易；周晓寒，女，广西财经学院管理科学与工程学院规划师，硕士，研究方向：区域规划。

2. 在中国与东盟国家经贸往来方面

国家发展和改革委员会学术委员会秘书长张燕生（2013）[①]强调，中国与东盟国家在自由贸易往来上历经"黄金十年"，创造了无数良好的经济条件，打造"钻石十年"是我们取得更多经济效益的突破口。

3. 在海洋强国战略方面

殷克东等（2009）认为国家应调整海洋产业结构，增加海洋研究与开发的投入，培养海洋科技人才，促进21世纪我国海洋经济可持续发展。郭璐璐与朱效生（2013）提出从力量建设、观念塑造、战略构建三方面推动海洋强国战略建设。

4. 在海洋权益方面

美国战略家马汉（1890）提出"海权论"，指出控制与国家利益和贸易相关的主要交通线上的海洋，是国家强盛和繁荣的物质因素中的首要因素。贺鉴与宫高杰（2015）认为在海洋大发展的时代里，中国应积极推进国际海洋新秩序的构建，妥善处理海上战略互信问题，更好地维护自身的海洋权益。

（二）研究意义

海洋是世界贸易的重要通道。在海洋大发展时代，海洋强国战略不仅是维护我国海上利益的重要举措，更是保证国家安全的必然选择。经济发展是海洋强国战略的重要支柱，中国将"贸易畅通"列为合作重点，尤其是"一带一路"沿线国家及地区的投资合作，致力发展具有地缘优势的区域经济[②]。

中国与东盟国家经贸合作的新机制顺应时代发展，不仅有利于推动中国海洋强国战略的实施，进一步促进人民币国际化，也有利于中国与东盟国家实现资源的优化配置，互联互通，打破美国主导的跨太平洋关系协议（TPP）对中国发展的限制。

（三）研究方法

通过建立数学模型，得出假设结论：中国与东盟国家的"优先级"经贸合作，会对中国海洋强国战略的实施带来有利的推进作用。首先，依据博弈论和数

[①] 中国新闻网. 李克强东南亚促互联互通"中国信心"助力"钻石十年"[EB/OL]. (2013-10-15).

[②] 国家发展改革委、外交部、商务部. 推动共建丝绸之路经济带和21世纪海上丝绸之路的愿景与行动[EB/OL]. (2015-03-28).

据说明中国为何要选择与东盟进行贸易的"优先级"合作;其次,利用数据分析,中国—东盟贸易对中国海洋强国战略实施的重要意义;最后,利用模型论证——中国选择"优先级"经贸合作的东盟国家,并就各国间的"优先级"经贸合作提出几点建议。

二、经济因素是中国海洋强国战略的支柱

根据总结分析,中国海洋强国战略受经济、政治、文化及其他因素的影响。假设海洋强国战略为G,经济因素为E,政治因素为K,文化因素为C,其他因素为I,则可用一个等式来表示这些因素间的关系:$G = E + K + C + I$,其中,E与K、C、I间相互联系。关系模型图1如下。

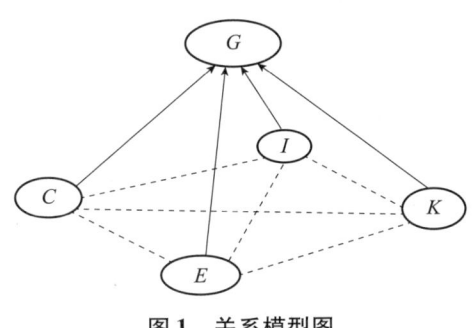

图1 关系模型图

图1中,中国海洋强国战略受经济、文化,政治、其他等因素的影响,经济、文化、政治,其他等因素间相互作用,尤其经济方面的影响最为明显。

E与K间的关系:经济是基础,政治是灵魂,E对K起决定性作用,E也是K的发展动力,则两者间可用简单的数学模型表示为$K = aE + b_1$,其中,b_1表示政治除了受经济因素的影响外,还受其他一些因素的影响。

E与C间的关系:经济决定文化,文化对经济有反作用,即$C = b_2 + E/x$,用此反比例函数来说明两者间受相互不利之处的影响越小,则促进作用越大,其中b_2表示文化除了受经济因素的影响外,还受其他一些因素的影响。

E与I间的关系:除了C、K跟E有关联外,还包括其他很多因素,当然也可以用类似于E与K或者E与C之间的数学模型来表示。

总之,E、C、K、I四个因素归总而言,可以将$G = E + K + C + I$转化为$G = X * E$,即经济因素是其他所有因素的基础,是中国海洋强国战略的支柱。

而GDP作为国民经济核算的核心指标,也是衡量一个国家经济状况和发展

水平的重要指标。图 2 是 2008—2019 年中国经济的发展状况。从整体来看，2008—2019 年，中国的 GDP 呈现每年增加约 50000 亿元的趋势，说明中国的经济发展迅速。

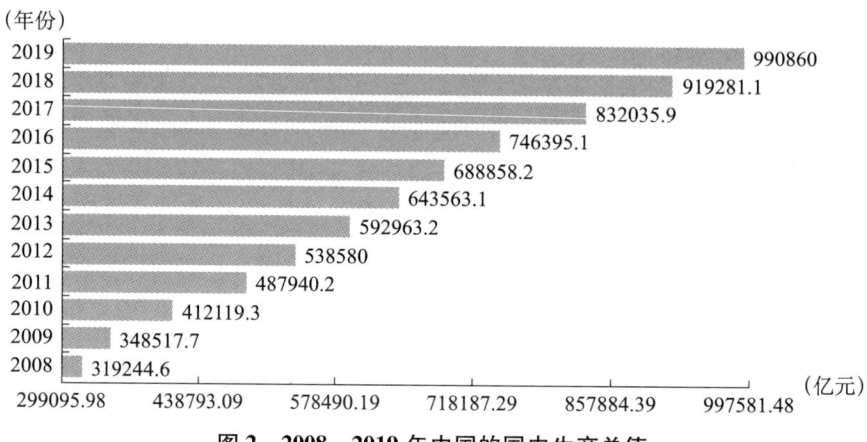

图 2　2008—2019 年中国的国内生产总值

数据来源：国家统计局。

三、中国与东盟国家经贸往来是贸易空间规划的主要推动力

随着世界多元化的发展，中国与世界上其他国家的贸易往来越来越密切，同时竞争也越来越激烈，伴随着一些海域权利的争端问题的出现，贸易伙伴的选择成为中国海洋强国战略实施的关键。

东盟国家是中国—南亚—西亚经济带（西南方向）的主要国家，而这一经济带是"一带一路"建设的具体路线之一。与东盟国家合作有利于国家经济发展战略的实施，同时有助于中国与周边国家发展良好的国际关系。

如图 3 所示，从 2015—2018 年中国进出口数据来看，东盟目前已经成为中国的第三大贸易合作伙伴。再者，东盟国家与中国地理相邻，合作紧密，在互利互惠、命运相连的情况下，随着中国在亚太经济中地位的提升，以及与中美、中欧贸易往来之间的博弈，东盟是中国实现"一带一路"建设的最佳选择。

人们对某种权力表现得忠诚，实际上并非偏好使然，而是人们服从了一种被选择的纳什均衡。中国与东盟国家的合作交流也是如此。中国与东盟国家在地理位置上有着贸易优势，同时在一些海域上也存在着一些争端问题，且东盟国家在经济实力上与中国存在着明显的差距。倘若东盟国家一味地进行海域争端而不顾经济合作，那么它将失去很大的一个经济合作伙伴，遭受惨重的损失；倘若东盟

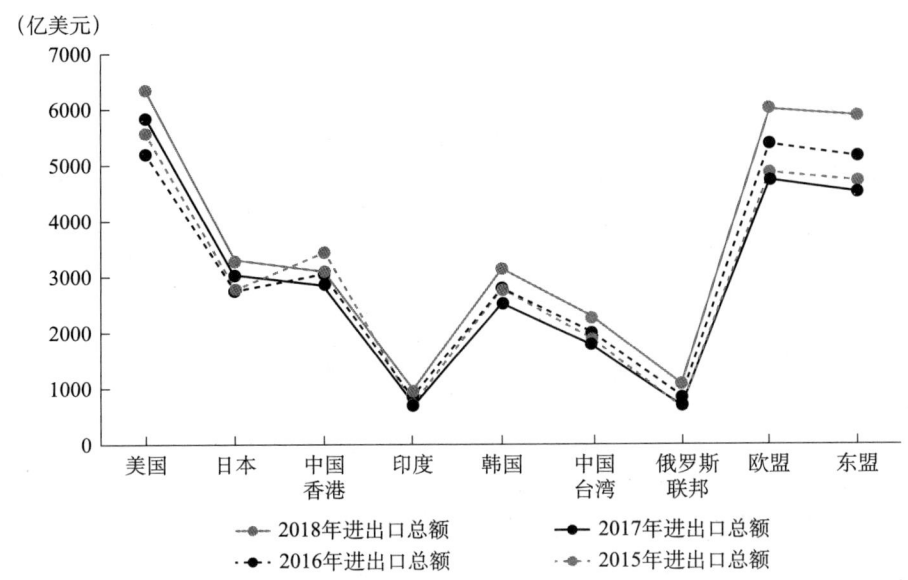

图 3　2015—2018 年中国对主要国家和地区货物进出口总额对比图

数据来源：国家统计局。

国家退出海域争端，它又会认为自己将丧失一定的领域主权，还有可能遭到其他国家的"欺负"。

因此，中国与东盟国家通过地缘优势、利益取舍和经济实力的博弈，在"一带一路"建设背景下，选择了这一互利共赢的合作机制。中国与东盟间的博弈如表 1 所示。

表 1　　　　　　　　中国与东盟国家合作与否的博弈表

中国/东盟国家	东盟国家不与中国合作	东盟国家与中国合作
中国不与东盟国家合作	-10/-10	8/-5
中国与东盟国家合作	-5/8	10/10

如表 1 中的博弈，假设这个博弈之所以会出现，一方面是中国与东盟国家的基本国情和经济实力不对等，另一方面是国家之间在地理位置及相关海域领权的利益。如果中国与东盟国家都不合作，都会损失 10 个单位的利益；可如果只有一方合作，那么合作方也会有 5 个单位的损失；但双方合作的话，则双方均将获得 10 个单位的利益。

博弈均衡的移动，从逻辑上来说是打破了静态下"A 不是非 A"的不矛盾准则，正如黑格尔所说的"正—反—合"的过程，即正论首先出现。随之激起它的反论，然后相互融合成为二者的合论，这个合论又形成了一个新的正论。其中，正论就是在中国—东盟自由贸易区下各国的利益驱使，反论就是中国与东盟国家间的贸易摩擦，合论即是和平稳定的海洋强国战略、新"海上丝绸之路"、2015海上合作之年的建设等。

"一带一路"倡议的提出，为中国与东盟国家的经贸合作提供了机遇与挑战，同时也彰显着中国与东盟国家经贸往来的重要性。经过地缘及时代的博弈，中国与东盟国家间的经贸往来是经济发展的重要部分，同时也是中国海洋强国的最佳选择。

四、中国—东盟贸易是中国海洋强国战略实施的基石

经贸关系的好坏会影响该国对外贸易依存度的大小，对外贸易依存度的大小可以直接地反映两国在经贸往来上的密切程度。判断合作伙伴间贸易往来的亲密程度，最直观的要数对外贸易依存度。

根据2006—2015年中国与东盟国家间的贸易额来看：如图4所示，2006年中国与东盟10国的双边贸易总额仅为1608.38美元，至2014年中国与东盟10国的双边贸易总额已达到4803.94亿美元，且与2013年（4435.98亿美元）相比，增长了8.3%。2015年，全球经济总体复苏乏力，中国经济下行压力较大，中国与东盟10国的双边贸易总额较2014年有所下跌，降低6.0%，但仍达到2.93万亿元人民币（即4518.12亿美元）①。

总体来说，近年来，中国与东盟10国的双边贸易总额呈现不断上升趋势（除2009年受2008年国际金融危机的影响外），且占中国进出口总额的比例正逐渐增大。

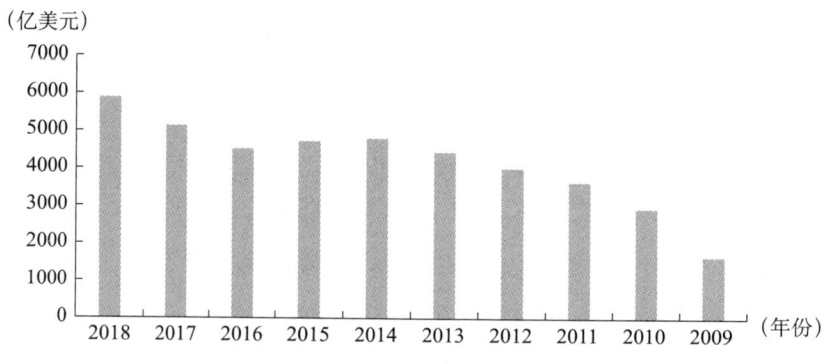

图4　2009—2018年中国对东盟国家的进出口总额

数据来源：国家统计局数据计算得出。

---

① 美元人民币汇率=6.485，数据截止日期：2016年4月29日。

如图5，从2009—2018年中国对外贸易依存度与中国对东盟的贸易依存度的比较上看，整体水平上，中国对外贸易依存度正在逐步减小（除2009—2010年受2008年国际金融危机的影响外），2016年中国对外贸易依存度减至32.6%；但从局部看，中国对东盟的贸易依存度却趋于一个相对平稳的状态，保持在4%—5%之间。

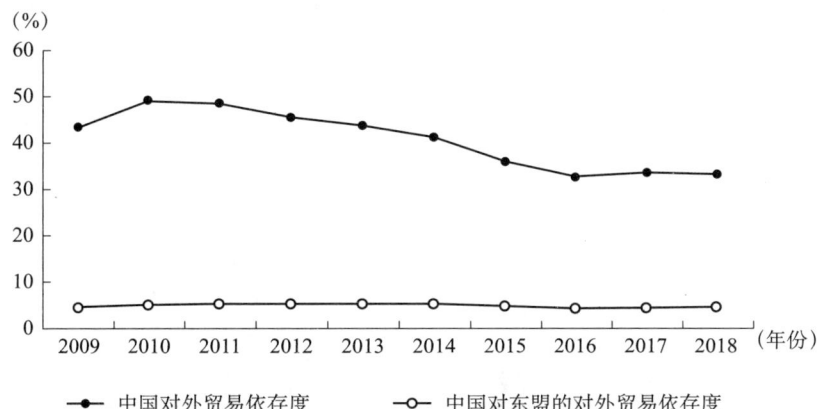

图5 2009—2018年中国对外贸易依存度和中国对东盟的贸易依存度的比较

数据来源：国家统计局数据计算得出。

由此得出，中国与东盟国家有着越来越频繁的贸易往来，中国—东盟贸易成为中国海洋强国战略实施的基石。近年来，中国对东盟各国的新兴市场贸易表现较好，为双方的经贸合作提供了更多机会。

五、中国与东盟国家"优先级"合作模式与贸易空间规划的构想

中国与东盟国家越来越紧密的贸易依存关系是中国海洋强国战略的重要依托。以关系模型图1为基础，假设影响中国海洋强国战略的经济因素为 E，中国与东盟国家经贸往来为 T，构建中国与东盟国家的"优先级"经贸合作为 P。关系模型图6如下：

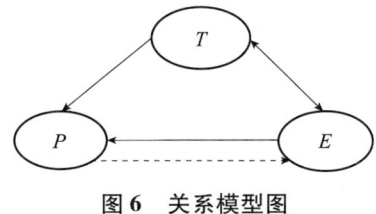

图6 关系模型图

E、T、P 三者的关系：$P = E + T$。中国—东盟贸易 T 是经济 E 不断发展的主要推动力，经济 E 的增长使得中国—东盟贸易 T 进一步扩大，两者都有力地促进了中国与东盟国家的"优先级"经贸合作 P 的构建。P 建立后，对经济 E 又起到促进作用。而经济 E 作为中国海洋强国战略 G 的支柱，进而推动中国海洋强国战略 G 的实施。

以下以中国与新加坡、泰国两个国家的"优先级"合作为例来进行说明。从图 7 可知，2009—2018 年中国与新加坡、泰国之间的商品贸易逐年递增。

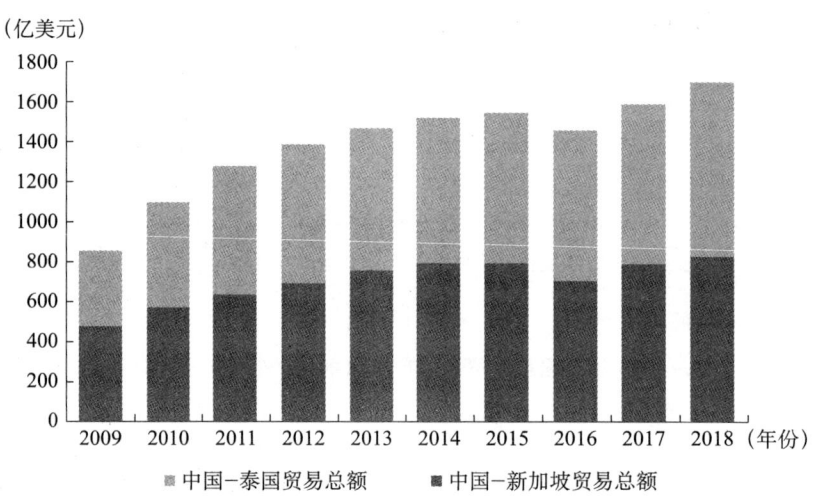

图 7　2009—2018 年中国与新加坡、泰国的商品贸易额

数据来源：国家统计局，国别数据。

（一）新加坡

在关系模型图 1 中，已知海洋强国战略为 G，经济因素为 E，政治因素为 K，文化因素为 C，其他因素为 I，有 $G = E + K + C + I$。因为，经济因素 E 是其他所有因素的基础，$G = E + K + C + I$ 可转化为 $G = X * E$，假设 X 为固定值，表示不同国家处在相同环境下，即除经济因素 E 外的变化相同。

结合关系模型图 6，假设当中国不与新加坡合作，即 $P_0 = -10$ 时，取值中国—新加坡贸易 $T_0 = -4$，由 $P = E + T$ 有经济 $E_0 = -6$，则中国海洋强国战略 $G_0 = -6X$；当中国与新加坡合作，即 $P_1 = 10$ 时，则中国—新加坡贸易 $T_1 = 4$，由 $P = E + T$ 有经济 $E_1 = 6$，中国海洋强国战略 $G_1 = 6X$。中国与新加坡"优先级"合作前后的对比，如表 2 所示。

表 2	中国与新加坡合作前后的对比表		
	T	E	G
中国不与新加坡合作 $P_0 = -10$	-4	-6	$-6X$
中国与新加坡合作 $P_1 = 10$	4	6	$6X$

中国—新加坡贸易 T 的取值,主要从新加坡对中国进出口的商品来分析:

根据新加坡国际企业发展局统计,2015—2019 年,新加坡对中国出口的主要产品为机电产品、矿产品、化工产品以及塑料、橡胶等;而从中国进口的产品主要是机电产品、贱金属及制品、矿产品、化工制品等。在交易金额上存在一定的差价,说明新加坡与中国在进行商品贸易时存在较大的竞争性。

如图 8 所示,新加坡对中国的出口额明显大于其对中国的进口额,特别是在 2017 年,新加坡对中国进出口商品总值差额高达 87 亿美元,中国一直处于贸易逆差地位。

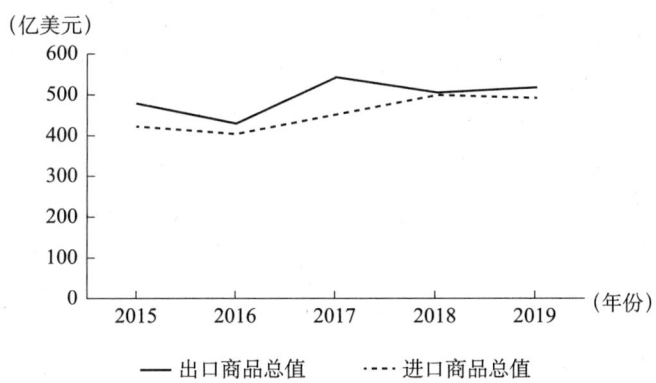

图 8 2015—2019 年新加坡对中国进出口商品总值变化

资料来源:中华人民共和国商务部亚洲司整理得出。

(二)泰国

已知在关系模型图 1 中,中国海洋强国战略 $G = X * E$,E 为经济因素,假设 X 为固定值,表示不同国家处在相同环境下,即除经济因素 E 外的变化相同。结合关系模型图 6,假设当中国不与泰国合作,即 $P_0 = -10$ 时,取值中国—泰国贸易 $T_0 = -2$,由 $P = E + T$ 有经济 $E_0 = -8$,则中国海洋强国战略 $G_0 = -8X$;当中国与泰国合作,即 $P_2 = 10$ 时,则中国—泰国贸易 $T_2 = 4$,由 $P = E + T$ 有经济 $E_2 = 8$,中国海洋强国战略 $G_2 = 8X$。中国与泰国"优先级"合作前后的对比,如表 3 所示。

表3　　　　　　　　　　中国与泰国合作前后的对比表

	T	E	G
中国不与泰国合作	-2	-8	$-8X$
中国与泰国合作	2	8	$8X$

中国—泰国贸易 T 的取值，从泰国对中国进出口的商品来分析：

根据泰国海关统计，2015—2019年，泰国对中国主要出口的产品是塑料、橡胶、机电产品、化工产品、植物产品、矿产品及木质产品等；而主要从中国进口机电产品、贱金属及制品、化工产品、纺织品及原料、塑料、橡胶等。从交易金额上看，泰国和中国各有优势，产业互补性相对突出。

如图9所示，泰国对中国的商品进口额明显大于对中国的商品出口额，且其差额呈现逐渐扩大的趋势。中国处于明显的贸易顺差地位。

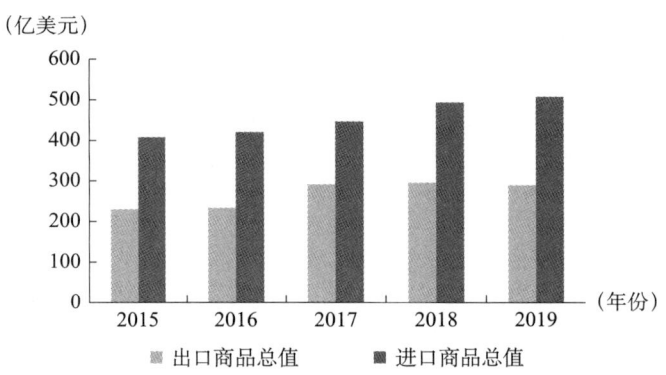

图9　2015—2019年泰国对中国进出口商品总值变化

资料来源：中华人民共和国商务部亚洲司数据计算得出。

通过中国—新加坡与的对比分析，中国—泰国合作对中国海洋强国战略的推进 $G_2 > G_1$，得出结论：中国更应该优先与泰国进行合作。因为中国与新加坡在进行商品贸易时存在较大的竞争性，而与泰国在进行商品贸易时存在较大的互补性。

泰国的优势产业主要是塑料、橡胶、植物产品、矿产品及木质产品等产业，特别是塑料、橡胶和植物产品。中国与泰国的优势产业"优先"合作，经济效益比与新加坡合作的经济效益更大，且有利于缩小与泰国优势产业的贸易差额，提高资源利用率。

就中国与东盟各国进行"优先级"经贸合作模式而言，以广西、云南等地作为与东盟各国进一步密切合作的切入点，利用北部湾港优越的地理位置，发展连接东盟、服务西部的第一大物流平台；利用互联网，建设中国—东盟信息港，大力发展跨境电子商务，打造区域性国际信息金融信息中心，共享技术创新资源和网络治理经验；鼓励两国共建工业园，吸引外商企业入驻，研发并发展高新技术，培养核心技术人才，如中国和新加坡两国政府间合作的苏州工业园区；积极发展中国—东盟的旅游业，各国完善有关旅游方面的立法，相互借鉴经验，并开发更多旅游产品。这将在很大程度上促进中国与东盟国家的进一步经贸合作。

中国与东盟各国相互选择，进行"优先级"经贸合作，有利于国际资源的合理配置。对中国而言，有利于推进作中国海洋强国战略的实施；对东盟国家而言，能更快更好地提升经济实力。

六、结论

21世纪以来，中国对海洋资源、空间的依赖水平大幅提高，作为一个海洋大国，实施海洋强国战略是中国强国发展的必经之路。经济因素是中国海洋强国战略的支柱，而中国对外发展的最佳突破口是与东盟国家的经贸往来。中国与东盟国家通过地缘优势、利益取舍以及经济实力的博弈，选择互利共赢的合作机制。中国与东盟国家越来越紧密的贸易依存关系成为中国海洋强国战略的重要依托。

为了有力地促进中国—东盟贸易，提出中国与东盟国家"优先级"合作模式，并利用建立的模型论证。中国与东盟国家进行产业、国家的"优先级"合作，不仅有利于中国建设海洋强国，也会对国际资源进行优化配置，更能带动经济相对落后国家或地区的发展，共同进步。

参考文献

[1] 朱怡然. 关于中国与东盟国家贸易关系的研究 [J]. 中国市场，2014 (42)：55-57，63.

[2] 蒋冠，霍强. 中国—东盟自由贸易区贸易创造效应及贸易潜力——基于引力模型面板数据的实证分析 [J]. 当代经济管理，2015 (2)：60-67.

[3] 殷克东，卫梦星，张天宇. 我国海洋强国战略的现实与思考 [J]. 海洋开发与管理，2009 (6)：38-41.

[4] 郭璐璐,朱效生. 刍议当代中国海洋强国战略[J]. 理论界,2013(2):42-45.

[5] MAHAN A T. The Influence of Sea Power Upon History[M]. 北京:解放军出版社,2006.

[6] 贺鉴,宫高杰. "海上丝绸之路"战略下中国海洋权益的维护[J]. 湘潭大学学报(哲学社会科学版),2015(4):114-121.

广西壮文化与东盟各国文化交流途径探析

谭 晶　申 波

（广西财经学院　党委组织部，广西　南宁　530004；
广东省珠海市香洲区教育局，广东　珠海　519000）

摘　要： "一带一路"倡议的提出不断促进沿线国家交流与合作的发展。文化交流作为沿线国家往来交流的隐形影响力，无论在对外还是对内的认识和思考中都起到十分重要的作用。广西壮文化与东盟各国文化的紧密联系，不仅表现在文化形式上，也体现在文化内涵的传递中，这些联系为中国与东盟各国的交流奠定坚实的交流基础。本文着眼于"壮文化与东盟各国文化的联系"，从贸易往来、文化艺术合作、民间团体交流、语言培训发展四个方面探析广西壮文化与东盟各国文化交流发展的途径。

关键词： 壮文化　文化交流　途径

[中图分类号] G125　　[文献标志码] A　　[文章编号]（2021）01-0089-10

"一带一路"倡议的影响及中国—东盟博览会的发展，使得文化交流逐渐走出课堂，走向民间，也让汉语国际教育迎来最佳发展机遇期。新时代有新使命，我们应该有事业情怀、责任担当和发展格局，站在国家的立场上来考虑汉语国际教育和中国文化传播（刘莉，2019）。广西壮文化与东盟各国文化交流的发展，不仅在于推动地区与"一带一路"沿线国家的交流，更在于牢记新时代使命，发挥政府和民间组织的双重力量，在以促进经济贸易往来的主线上讲出中国故事、讲好壮族故事，突破时间和空间的局限，促进壮文化与东盟各国文化交流的发展。

[作者简介] 谭晶，女，广西财经学院党委组织部教师，研究方向：汉语国际教育；申波，男，广东省珠海市香洲区教育局在编教师，研究方向：汉语国际教育。

一、文化交流概述

（一）汉文化对外交流概况

中华文化对外交流历史由来已久，自唐代以来开始有较为系统的记录。历经不同历史阶段的发展，汉文化的对外交流表现得愈发具体。尤其是近年来，以"茶文化""戏曲文化""宗教文化"为具体内容的文化交流更为频繁，文化对外交流的目的也更加明确，文化氛围更加浓郁。随着区域联系的不断加强，区域文化的沟通和交流成为新时代文化交流的新趋势。崔海亮（2016）指出积极利用经济文化纽带可以促进跨境民族文化认同。王晓玲（2015）从文化交流层面出发，提出转换人文交流的思路以加强国际区域文化的共同繁荣和文化认同。因此，笔者认为从区域文化特点出发，加强区域文化的沟通与交流可以为区域经济的合作发展提供便利的文化条件。广西与东盟各国联系紧密，广西的文化对外交流，不仅表现出了汉文化交流的一般特点，同时也通过壮族文化的对外交流增加了跨境国家之间的文化认识，尤其是对民族文化的认识。因此，"汉文化+民族文化"的文化交流模式成为新时代文化交流的新趋势。

（二）壮文化对外交流情况

民族文化的对外交流一直处于发展阶段，相关的研究也相对较少。民族文化的对外交流与区域文化紧密相关。自2000年开始，便有壮文化对外交流的相关记录。从2000年开始，中越民族文化交流活动不断在广西和越南各地开展。近年来，中越双方更是在民族节庆、表演艺术方面有十分密切的合作，文化上的交流更加频繁。在来桂学习汉语的留学生中，泰国学生占据重要的部分。对于泰国学生来说，熟悉的文化模式，相似的文化展现形式是吸引他们来广西学习汉语的重要因素。壮族文化自古以来就形成了"以歌会友"的文化交流模式，传统的壮族山歌对来桂学习汉语的留学生来说具有极大的吸引力，再加上铜鼓表演、壮族舞蹈等灵活多样的文化展现形式，让泰国来桂的留学生感受到了壮文化的精彩。因此，随着泰国留学生来桂数量的不断增多，壮文化与泰文化的交流、认识不断深入，有效提升了文化的对外交流质量。除越南和泰国以外，壮文化还依托着中国—东盟博览会平台和"一带一路"倡议，逐渐为东盟各国所熟知。随着中国—东盟博览会的发展，中国与东盟各国的文化交流越来越频繁，在以贸易合作为前提的基础上，开展语言教学与文化交流成为区域合作发展的重要趋势。

二、广西与东盟各国的联系

（一）地域联系便利

广西地处中国南疆，与东南亚各国的联系有着地理位置上的优势。首先，广西南濒北部湾，面向东南亚，西南与越南相毗邻，是中国西南地区与东南亚国家互通来往的重要窗口。其次，广西北部湾沿海地区是海上丝绸之路的起源地，从北部湾沿海地区出发，可直达越南、泰国、马来西亚、柬埔寨等多个东南亚国家。而与此同时，北部湾港开辟了至新加坡、曼谷、巴生、胡志明等多条国际航线，切实加强与东盟各国的联系。因此，广西素有"一湾相挽十一国，良性互动东中西"的独特区位优势，是我国面向东南亚国家开放合作的前沿和窗口。

（二）文化联系紧密

随着中国—东盟博览会的成功举办，广西与东南亚各国的联系更加紧密。在历史的研究中，我们发现，广西的壮族文化与东盟各国的文化存在着千丝万缕的联系，这是东南亚各国来到广西开展贸易往来、文化交流的重要原因之一。

首先，"那文化"与东盟各国文化紧密相关。东南亚各国大部分以农业生产为主，对农业和水稻的依赖度极高，因此，以壮族的稻作文化为核心所形成的"那"文化圈对东南亚各国的生产、生活产生了长久而深远的影响。据统计，东南亚的泰国、老挝、越南北部、缅甸掸邦等地的"那"字地名亦多不胜数，反映了壮族与国外相关的壮侗语族各民族之间深厚的历史文化渊源[①]。这为壮族与东南亚各国的交流提供了良好的文化交流平台。其次，壮语与东盟各国的多民族语言同源，为壮族与东盟各国的文化交流提供了语言上的便利。壮语属于汉藏语系壮侗（或称"侗台"）语族壮傣语支，与布依语、傣语相近。同时，壮语也与国内外众多民族的语言同源，这些民族的语言国外分布于越南北部、老挝、泰国

---

① 梁庭望. 中国壮族 [M]. 银川：宁夏人民出版社，2016：34.

和缅甸东北部[①]。随着语言相似性的发展，在文化的交流中大大克服了由语言所带来的交流障碍，如泰语和壮语的极大相似性为其间所进行的贸易往来和文化交流都提供了语言的便利，使其在交往过程中首先越过了语言障碍的第一步，直接进入到了更深层次的信息交流中。因此，壮语与东盟各国多民族的语言同源为东盟留学生来桂进行汉语学习、开展文化交流提供了极大的便利，减少了他们在文化交流过程中所产生的焦虑，也为壮文化的进一步传播提供语言上的契机。最后，相似的文化表现是壮文化与东盟各国文化联系的焦点。壮族的文化表现方式有很多，众所周知的有壮族服饰、铜鼓文化、饮食习俗等，这些文化在展现壮族文化的同时也和东盟各国的文化展现形式有着紧密的关联。壮族服饰，特别是男性服饰和泰国部分地区的男性服饰相似，壮族男子上身多穿青布衣，泰国男性在庆祝泰国相关节日时也穿青布衣来展现泰国文化。因此，服饰上的相似性可以为不同民族文化的交流搭建起沟通的平台。此外，铜鼓是壮族的重要文化象征，广西是目前世界上最大铜鼓的发现地，铜鼓文化在壮族文化中占据了重要的地位。就目前所知，在东盟10国中，除了菲律宾还没有发现铜鼓，文莱的情况不太清楚之外，其他8国都曾经铸造和使用过铜鼓，有些民族甚至至今还在使用铜鼓[②]。这充分表明了壮族文化和东盟各国文化有着极强的文化联系，不同地区铜鼓文化的展现正是文化不断在交流中发展的结果。所以，对面向东盟留学生开展的壮文化对外交流与传播来说，壮族与东盟各国文化的相似表现，可以为壮文化的传播和交流创造极大的便利，推动壮文化在对外文化交流中的发展。

（三）经济联系密切

随着中国—东盟博览会的发展和"一带一路"倡议的推进，广西作为中国与东南亚各个国家联系的重要窗口，既发挥经济纽带的作用，同时也发挥着文化交流桥梁作用。一是21世纪以来，为了与中国开展更广泛更深入的经济合作，马来西亚实行更加开放包容的文化政策，鼓励其国内华语教育的发展，并积极引入中国的汉语教学，试图通过文化交流和学习促进经济交流与合作，为中马经济合作奠定坚实基础。"一带一路"倡议的提出，更是为中马合作带来新的机遇。为了拓宽中马合作领域、提升合作层次、实现互利双赢，马来西亚政府不断提高

---

① 梁庭望. 中国壮族 [M]. 银川：宁夏人民出版社，2016：44-45.
② 蒋廷瑜. 铜鼓是东盟古代文化的共同载体 [J]. 广西民族学院学报（哲学社会科学版），2005（1）：111-118.

文化政策的开放度，鼓励更多有条件的教育单位开设汉语课程，引入中国汉语教师，以语言教学作为两国经济合作的助推力，推进中马经济合作交流发展。二是随着东南亚新兴市场国家的发展，中国与印度尼西亚、越南、泰国的经贸往来联系愈加频繁，中国不仅加入了印度尼西亚的铁路、公路等基础设施修建中，同时与泰国、越南的农产品、机械设备等贸易往来密切。"一带一路"倡议的推进，为中国与东南亚各国的投资创造了更加便利的条件，为与东南亚各国的贸易往来提供了坚强的保障。同时，通过广西作为主要的对外贸易往来和文化交流的窗口，不仅加强区域内的合作联系，同时也进一步密切了中国与东盟各国的经济往来，合作交流类型不断丰富，合作前景不断向好发展。

三、开展壮文化与东盟各国文化交流的必要性

（一）"一带一路"与中国—东盟博览会发展的区域优势

民族文化的对外交流发展是区域经济发展的重要体现。随着"一带一路"倡议的提出，中国与东盟各国不仅有中国—东盟博览会这一个经济合作的平台，更有"一带一路"倡议影响、辐射下带来的贸易合作机遇，为东南亚各国经济往来、贸易合作、文化发展创造了条件。"一带一路"倡议的辐射影响、中国—东盟博览会贸易往来的需求不断促进壮文化与东盟各国文化交流的发展，基于经济往来的需求，对彼此语言、文化的了解需求迫在眉睫。加强与东盟各国语言文化的交流，不仅在于发挥地区优势，加强地区间的合作与沟通，更在于以促文化交流发展的形式为主，减少地区间开展跨文化交际中存在的隔阂与刻板印象，为贸易合作的发展创造有利条件，充分发挥区位优势，展现民族文化自信。

（二）大数据时代文化共享的信息要求

信息技术的发展使世界各地间联系更为紧密，各国、各地区之间的发展也因信息技术的发展不断扩大对外交流与联系。新冠肺炎疫情期间，线上交流、"云会议""云会展"等新形式的出现，加速了信息的共享速度与传播速度。文化的交流不再仅仅局限在线下集体谈话或"一对一"的对话交流中。大数据时代催生了数字经济，也同样带来了数字文化的发展，促进地区文化之间信息化的交流与互动。基于新媒体形式、大数据信息不断服务于对外汉语教学，分析文化交流

需求的发展,通过构建线上文化交流互动平台、文化视频传播方式、文化理念共享渠道不断加深壮文化与东盟各国文化间的联系,使更多人对彼此间的文化有了更深入的了解。通过数字经济、数字文化的带动,聚焦地区间文化的了解与沟通。因此,在大数据文化共享的时代背景下,开展民族文化多形式交流是推动壮文化与东盟各国文化交流与发展的必然需求。

(三)民族文化对外交流的时代必需

中国共产党的"十九大"以来,习近平总书记在多个场合提及文化自信,这是更基础、更广泛、更深厚的自信。中华文化有着上下五千年的历史,蕴含多个民族发展的历史轨迹,展现中华汉文化与各少数民族文化的丰富多彩。开展民族文化的对外交流,让民族文化"走出去",成为民族文化自信与文化自觉意识构建的关键内容。当前,民族文化在传播方式、传播力度、传播内容等方面与目前我国政治、经济在世界的影响相比仍有较大的差距。助力民族文化"走出去",加强区域文化的交流是经济全球化发展的时代所需,同时也可以通过民族文化"走出去"的形式,不断加强中国与世界的联系,让世界各国、各地区看到丰富多彩的中国。

(四)汉语教育不断发展的对外需求

随着"一带一路"和"中国—东盟博览会"的发展,对留学生开展的汉语教学在"一带一路"沿线各个国家、地区及东盟博览会影响辐射的地区中产生深远的影响。随着学习汉语的人数不断增多,孔子学院、孔子课堂的开设数量也逐年上升,截至2020年10月,中国已在162个国家和地区设立了541所孔子学院和1170个孔子课堂,逐渐在世界各国中形成了一股学习汉语的新潮流。随着"汉语热"的发展,汉语教学中的文化教学内容也更加丰富,汉语教学区域性特征愈发明显。在"一带一路"倡议的发展中,"语言互通是'一带一路'建设的基础性工程"这一观点广泛被业界学者所推崇和认可。结合"一带一路"区域特点,开展具有针对性强、普适性高的汉语教学、文化教学就必然蕴含在其中。对广西壮文化来说,东盟各国文化的特点有部分不谋而合之处,加强壮文化与东盟各国文化的交流与发展,正是汉语教学区域化发展的实际需求,也是服务区域经济发展、搭建区域人文交流平台、提高国家文化软实力、不断促进汉语教学发展的对外需求。

四、壮文化与东盟各国交流发展的困境

(一) 文化交流传播意识有待提高

文化多元时代的发展促进了民族文化的对外交流与发展。随着经济全球化的发展,国家与国家之间、地区与地区之间文化交流愈加频繁。汉文化成为中国对外交流发展的文化主体。区域联系的不断加强,为少数民族文化的发展搭建了更为广阔的交流平台。壮文化依托于中国—东盟博览会和"一带一路"倡议的发展,创造了更多与东盟各国交流的机会。但在实际的发展中发现,民族文化缺乏"走出去"的主动性,"走出去"的动力与区域经济合作发展的向好趋势不平衡。与此同时,民族文化交流传播自觉性不强、区域文化互动性不高,导致民族文化在区域文化交流与发展中的影响力不大。壮文化依托于优势明显的地理位置,以发展商品贸易为主要渠道,但在发展经济、贸易往来中又容易被忽视其文化交流的隐形作用,在对外交流中未充分发挥应有作用。在文化交流中,主要依托于对外汉语课堂开展的文化交流,此类的文化交流过于局限在课堂活动中,而壮文化多元性、民族性的特点是很难完全通过课堂活动充分展现出来的。

(二) 受东盟各国文化差异影响

文化存在差异性,不同文化之间的交流往往存在交流盲区,这些交流盲区是由于文化本身具有的意识形态特征而形成的。文化的多样性带来了世界文化的丰富多彩,同时也为不同地区文化的交流带来挑战。壮文化与东盟各国文化存在较大的相似点,但随着不同地区文化发展的程度不同,文化交流展现形式虽有相似的体现,但文化内涵的展现会影响文化的交流发展。壮文化在"一带一路"与"中国—东盟博览会"所带来的文化交流中会遇到各国文化的相互碰撞,带来不一样的文化差异影响。因此,壮文化在对外交流与发展中,因受文化差异性的影响,所遇到的困境也会愈加明显。

(三) 文化品牌特征不明显

打造文化品牌是文化对外交流的名片。壮文化在对外交流中,尽管文化特征鲜明,并拥有有利的交流环境,但其所形成的文化品牌特征不明显,在对外文化交流中没有足够的吸引力及影响力,以至于文化交流效果不突出,影响了民族文

化对外交流的实效性。汉文化的对外交流为少数民族文化的区域交流带来了极大的契机，如孔子形象作为汉文化的品牌形象，特征鲜明，为广大喜爱汉语的留学生所熟识，以此为参照，打造少数民族文化品牌，凸显壮族文化特征，更好地打造文化品牌效应。

（四）文化交流渠道单一

民族文化对外交流往往以课堂形式为主，随着区域合作的不断发展，民族文化的对外交流也逐渐出现在博览会、交流会等多种形式中。但在文化交流实践中发现，少数民族文化的对外交流大部分依托在汉文化的交流与发展中，单独的少数民族文化对外交流的现象却极少出现。壮族文化的对外交流以"刘三姐""铜鼓"等几项内容为交流载体，一些创新性的载体较少，这就导致了少数民族文化交流载体较为单一。单一载体展现影响了民族文化内容交流的多样性，也进一步影响了壮文化与东盟各国文化交流的发展。随着区域经济的不断发展，文化的对外交流，尤其是壮族文化多样性的对外交流在"一带一路"倡议及"中国—东盟博览会"影响下显得尤为重要。

五、壮文化与东盟各国文化交流途径

（一）积极开展贸易往来

无论是中国—东盟博览会的举办还是"一带一路"倡议的提出，都是为了推动全球经济一体化的发展。壮文化在东南亚区域经济的发展中起着潜移默化的作用，这不仅因为中国—东盟博览会及"一带一路"倡议为经济的合作与贸易发展创造了多种机遇，同时也更因为这些机遇带来多种形式上的文化交流，搭建起了广阔的文化交流平台。壮文化与东盟各国文化的交流要依托于社会发展的时代背景，在国际环境和政策导向的助力下，以经济贸易合作为渠道，开展为发展经济、共建区域文化的多种交流合作形式，创造富有文化内涵的经济品牌，通过合作打造区域化经济项目，展现区域文化特征，创造"汉语+"项目，为壮文化与东盟各国的交流创造有利条件。

（二）增加文化艺术的合作

文化内涵的交流与传播往往需要直接的理解与沟通。加强壮文化与东盟各国的文化交流最为直接有效的方式是加强文化艺术的合作。文化艺术蕴含了不同国家、不同区域的文化发展内涵，以直接的文化交流合作方式加深对文化的了解，有利于减少文化交流的发展障碍。文化艺术的合作不仅可以打破固定区域的文化交流局限，同时立足于文化交流的出发点，通过举办文化活动年、文化活动周等形式明确文化交流的目的。如 2016 中国—东盟教育交流年的举办紧紧围绕壮文化、泰文化交流开展讨论，为二者提供深入沟通交流的机遇。开展歌舞艺术合作，以最直接的方式展现文化内涵，是壮文化对外交流的最直接方式。因此，增加文化艺术的合作是文化对外交流与发展最为直接的形式。

（三）增进民间文化团体的交流

交流渠道的增加依赖于提高文化交流的主动性与自觉度。文化交流不仅要跨越官方渠道文化交流的局限，更要引导民间文化团体开展多形式的文化交流活动。以文化传媒公司、民族体育协会等具有鲜明文化特点的团体为文化交流媒介，通过共同开展民族传统节日庆祝活动、共同举办民族体育赛事等合作创造多样的交流形式，让不同文化的民族有更为直接的交流渠道、更为宽松的交流环境，为区域经济品牌、民族文化品牌的创设保驾护航，让区域文化交流成为经济贸易发展、提高的内在驱动力，从而减少因文化差异而带来的不利影响。

（四）丰富语言教育培训内容与形式

语言服务于经济的发展，语言更是文化外在的展现力。加强壮族文化对外交流，从文化交流与经济发展的内在要求出发，需要不断加强语言人才的培养，丰富语言培训的内容与形式。对于在华或在境外的汉语学习者来说，汉语所接触的听说读写都与汉文化内涵息息相关。因此，在语言培训中，需要在文化展现形式上多下功夫，从文化思维、展现形式、参与度等方面入手，着重考虑文化交流的可持续性与可发展性，从语言教学与文化展现、文化活动与文化交流、文化思维与节日传统表现形式出发，多关联、多角度、全方位地丰富语言培训内容，依托中国—东盟博览会所创设的机遇和背景，通过设置文化体验、文化参与、文化设计等多样化的交流形式促进壮文化的对外交流与发展。

（五）开展"汉语+"教学形式传播与发展

依托"一带一路"倡议，树立文化自信，提高文化"走出去"战略地位，需要不断发挥新思路，开拓新想法。随着中国经济的发展，越来越多的国家把汉语作为一门外语课程或重要的入学测试，在东南亚国家中显得尤为突出。周小兵指出，东南亚地区是国际中文教育最发达的地区。因此，在区域化经济合作助力背景下，积极开展区域文化交流，民族文化互动，以"汉语+"为文化创新交流的新思维，通过"汉语+商务""汉语+技能服务""汉语+艺术展现"等形式开展汉语教学，不仅可以结合留学生母语特点，还可以围绕区域经济的热点，紧抓时代潮流、文化需求，从现实环境出发，提高汉语教学与文化交流传播的普适性，更好地为"一带一路"的发展与合作服务。

六、结语

区域经济一体化发展离不开文化的交流与传播。尽管区域文化多元性特征明显，但文化交流与发展的不平衡，使得壮族文化在对外交流中面临较大困境。因此，在文化交流中，首先应充分发挥区域经济优势，以区域经济的合作发展为交流渠道，通过多种创新的贸易合作及文化交流方式展现壮族文化的精彩，可以不断推动汉语教学实效性的发展。其次，注重以"汉语+"形式带动壮文化的传播与交流，可以进一步丰富汉语学习内容，为区域经济发展创设优良环境。最后，注重发挥壮文化的区域化特征，提高壮族文化在区域文化交流中的主动性，进一步丰富壮文化与东盟各国文化交流的途径。

参考文献

[1] 蒋廷瑜. 铜鼓是东盟古代文化的共同载体 [J]. 广西民族学院学报（哲学社会科学版），2005（1）：111-118.

[2] 李政文. "一带一路"语言交流的几点思考 [J]. 河北工程大学学报（社会科学版），2019，36（2）：75-76，79.

[3] 梁庭望. 中国壮族 [M]. 银川：宁夏人民出版社，2016.

[4] 陆俭明. 对汉语教学要有这样的认识 [J]. 语言战略研究，2016，1（2）：77-82.

[5] 吴芳. "一带一路"背景下中国与东南亚新兴市场的经贸合作需求及对策 [J]. 价格月刊，2020（4）：59-64.

[6] 张晓月. "一带一路"共建中的国际文化传播与交流合作长效机制构建 [J]. 重庆理工大学学报（社会科学），2020，34（10）：146-155.

[7] 左熹. "一带一路"背景下文化传播与交流困境研究 [J]. 文化产业，2020（17）：75-77.

"一带一路"合作

"一带一路"格局下中国电信运营商的国际合作

——电信经济学的视角

文志成

(东北财经大学 产业组织与企业组织研究中心，辽宁 大连 116025)

摘 要：目前全球电信和信息化发展非常不均衡，亚洲部分国家和非洲地区的信息化程度远低于中国，因此"一带一路"建设中，实现电信业的互联互通、提升信息化水平是中国电信运营商的重点工作方向。近年来，中国三大电信运营商全面进行国际投资和合作，部署和实施了各类电信项目。目前，"一带一路"电信合作相关的各类项目主要从国际电信服务贸易的角度进行分析，缺乏对电信业务的特性的全面阐述，因此，难以详细分析各个项目的特点，为此，本文从电信业务的特点出发，借助电信经济学的基本原理，对相关合作、服务和贸易项目进行梳理，并进而阐明当前所面临的挑战以及未来电信合作的前景，从而利于全面认识和深入了解中国三大运营商在"一带一路"沿线的投资、贸易内容以及所面临的挑战，为后续深化电信服务贸易合作提供指导性建议。

关键词："一带一路" 电信经济学 运营商合作 电信和信息化 电信服务贸易

[中图分类号] F627 [文献标志码] A [文章编号] (2021) 01-0099-16

[作者简介] 文志成，男，东北财经大学产业组织与企业组织研究中心在读博士研究生，研究方向：产业经济学。

一、引言

2013年,中国提出共建"丝绸之路经济带"和"21世纪海上丝绸之路"(以下简称"一带一路")的重大倡议,其中信息和通信是"一带一路"建设和开发工作中的重点合作领域,它有助于电信运营商开拓海外市场,加快国际化发展步伐。因此,国内三大运营商中国移动、中国联通和中国电信早在2015年就制定了网络互通相关的行动计划,进行传输、互联网和IDC(互联网数据中心)等项目的建设,谋求与"一带一路"沿线国家的基础设施实现互联互通。目前,"一带一路"电信国际合作中,既包含移动电话资费调整工作,还涉及陆海电缆、数据中心、云计算、数据专线、带宽批发、系统集成、移动虚拟运营(MVNO)、国际漫游、物联网、光宽带等业务内容分发网络(CDN)中的接入节点(POP)等建设工作,以及海外子公司成立等内容。

上述诸多电信服务贸易项目的出发点是什么呢?合作方向到底遵循什么样的选择原则呢?直接的思路是采用国际电信服务贸易所定义的4种模式进行归类,即跨境提供、境外消费、商业存在和自然人流动。但是这种分类方法对电信业务的特点考虑不足,因此难以深入业务内部来分析其具体内容以及必要性和紧迫性。为此,本文拟从电信经济学的角度出发,基于电信经济学的诸多特性,比如初期成本高和网络外部性强以及互联互通、普遍服务和管制要求严格等,结合电信技术的具体特点以及国际电信服务贸易的需求,厘清中国电信运营商在"一带一路"上的国际化合作思路,分析电信国际化合作中的机遇和挑战,为未来进一步加深电信贸易和合作提供参考。

二、政策背景

"一带一路"中,电信国际化合作的重要性体现在众多相关会议的讲话和政策报告中,如表1所示。

表1 "一带一路"相关的信息和电信技术合作的重要会议和报告(摘选)

时间	发起/发文/签署单位	会议	报告
2015年3月	国家发展改革委、外交部和商务部		《推动共建丝绸之路经济带和21世纪海上丝绸之路的愿景与行动》

续表

时间	发起/发文/签署单位	会议	报告
2015年12月		中非合作论坛约翰内斯堡峰会	《中非合作论坛约翰内斯堡峰会宣言》；中非"十大合作计划"
2017年5月	工业和信息化部与国际电信联盟	"一带一路"国际合作高峰论坛	《关于加强"一带一路"框架下电信和信息网络领域合作的意向书》
2017年12月	中国与多国	第四届世界互联网大会	《"一带一路"数字经济国际合作倡议》
2018年9月		中非合作论坛北京峰会暨第七届部长级会议	"八大行动""中非合作论坛——北京行动计划（2019—2021年）"
2018年11月	工信部		《工业通信业标准化工作服务于"一带一路"建设的实施意见》
2019年4月	中国进出口银行与国际电信联盟		谅解备忘录
2019年4月	推进"一带一路"建设工作领导小组办公室		《共建"一带一路"倡议：进展、贡献与展望》
2020年6月		"一带一路"国际合作高级别视频会议	《"一带一路"国际合作高级别视频会议联合声明》

2015年3月，《推动共建丝绸之路经济带和21世纪海上丝绸之路的愿景与行动》，提出了"政策沟通、设施联通、贸易畅通、资金融通、民心相通"的"五通"原则，其中的设施联通方面明确指出，要共同推进双边跨境光缆和洲际海底光缆等通信干线网络建设，提高国际通信互联互通水平。

2015年12月，《中非合作论坛约翰内斯堡峰会宣言》中明确提到，电信领域是"中非基础设施合作计划"的一个重点方向，要积极开展包括信息通信在内的产业对接和产能合作，共同推动非洲工业化和农业现代化进程。

2017年5月，《关于加强"一带一路"框架下电信和信息网络领域合作的意向书》提出，要推动中国标准与国际标准互认，以利于技术标准引进和产业合作，助力当地经济发展。

2017年12月，《"一带一路"数字经济国际合作倡议》提出，要致力于实现互联互通的"数字丝绸之路"，扩大带宽接入，推进互联网普及。

2018年9月，"中非合作论坛——北京行动计划（2019—2021年）"强调，双方要加强在信息通信基础设施、互联网、数字经济等领域的合作，双方鼓励和支持各自企业合作参与非洲国家光缆骨干网、跨境互联互通、国际海缆、新一代移动通信网络、数据中心等通信基础设施建设，加强在国际电信联盟等国际组织中的合作，共同努力缩小非洲数字鸿沟，推进非洲信息社会建设。

2018年11月，《工业通信业标准化工作服务于"一带一路"建设的实施意见》中提出，信息通信领域标准化合作的重点内容包括新一代信息技术（5G、物联网、云计算等）、智慧城市、北斗卫星导航、通信工程建设、网络互联互通、电信业务服务等领域。

2019年4月，《共建"一带一路"倡议：进展、贡献与展望》中提到，共建"一带一路"将继续把互联互通作为重点，聚焦网络通信等多个领域的合作。

2020年6月"加强'一带一路'国际合作、携手抗击新冠肺炎疫情"主题会议声明中提到，在疫情冲击全球经济社会发展的背景下，各国需要加强在数字经济、医疗产业和食品安全领域的合作，并在电子商务、智慧城市、人工智能和大数据技术应用等领域培育新的经济增长点。

对于"一带一路"沿线通信和信息化的一些具体贸易和合作方式，上述所摘录的部分决议、提案和会议文件已经提供了详细指导和建议。由此可见，对于国内三大运营商来说，推进"一带一路"沿线电信服务贸易是扩大国际合作和拓展国际市场的良机。

三、文献综述

"一带一路"为中国电信企业的持续健康发展带来了新的市场、贸易和发展机会，李正茂（2016）认为，以信息通信方式支持沿线国家推进工业化、现代化和提高基础设施水平是"帮贫扶弱、均衡发展"，中国的电信运营商在网络建设、国际漫游、资源共建、资本合作、运营管理、技术标准等方面，已经实现了"走出去"的策略，实现了有效的输出和共享，未来主要思路是"构建多元合作平台，携手共建丝绸之路；聚焦精准发力布局，推动实现互利共赢"。

中国联通研究院的王威（2017）对"一带一路"政策下运营商的发展策略进行分析，详细列举了三大运营商的具体布局、详细项目内容、服务类型和合作方式，如海底光缆建设、信息驿站（POP点）建设、提供行业数字化服务、发展国家产业互联网，携手国际运营商，实现国际化发展路线等。该文章主要是铺陈事实和实例，没有对诸多项目进行具体分类，而这正是本论文所希望进一步完成的工作。

一些文章采用电信服务贸易理论分析"一带一路"沿线电信合作。比如，周舒（2017）认为，借助"一带一路"建设开发沿线国家的通信服务贸易市场，将大大拓宽中国通信服务的出口范围，提高出口市场占有率。同时，"一带一路"建设还可以促使中国通信行业和沿线国家的通信企业互相合作、互相融合，加快中国通信产业的国际化进程，在国际合作实践中提升竞争力。

按照《服务贸易总协定》对服务贸易的定义，国际电信服务贸易是各国对电信服务进行的交换活动，可以分为4种模式，即跨境提供、境外消费、商业存在和自然人流动。跨境提供是指一国的电信运营商从一国领土向别国提供电信服务，如卫星系统和海底电缆等。境外消费是指向到国外旅行的人或者国外临时居住者提供电信服务，如移动通信和卫星通信业务等。商业存在是指一国的电信运营商在别国直接提供电信服务，其主要形式包括成立海外办事处、结盟、海外投资、多边战略投资、成立新的公众电信运营商（PTO）等。自然人流动是指电信服务提供者将其雇员外派，向其他国家的电信运营者提供技术和管理方面的指导和咨询服务（冯宗宪和郭根龙，2008）。

周碧璇（2018）认为，国际电信贸易指的是跨越国界的电信设备或服务的贸易，其中又分为设备贸易和服务贸易两类。汤婧（2017）则将服务贸易发展方式分为三类，即直接进入海外市场投标电信业务、通过跨国公司进行直接投资、技术与管理经验的输出等三种形式。但这种分类方式比《服务贸易总协定》的四大类业务更为具体，基本涵盖了当前"一带一路"上的各类电信服务贸易的内容，但是如果结合电信经济的特性，则可以进一步深入研究各项目的特点。

对外进行电信领域的合作，需要遵循电信产业的发展规律，从电信产业的特性和基本特点出发，在特定领域进行有针对性的投入和合作，才能获取最大收益。因此，分析电信国际合作和服务贸易需要从电信经济学的视角出发，这样才会更加清晰。

四、理论基础：电信产业的经济学的特点

电信系统需要为大量用户提供随时随地、无处不在的固定通信、移动通信或者互联网业务，它具有初期成本高、网络外部性强，并要求互联互通、普遍服务以及管制等基本特点。结合电信行业的特点和电信经济学对电信合作和服务贸易相关的诸多项目进行归类和梳理，将有助于从宏观和全局的角度对各运营商的投资和发展思路进行分析，为未来进一步扩大和加深合作提供指导性建议，具体分析如下。

（一）初始成本

为了实现大面积覆盖，为更多的用户提供服务，通信系统在建设初期就要在通信主设备、传输资源、机房和站点资源等多方面进行大量投入，这使得电信行业具有较高的初始成本。因此，电信行业初期投入高，回报周期长，使得电信行业具有较大的进入障碍。

（二）网络外部性

外部性是指某个经济主体对另一个经济主体所产生的外部影响，可分为技术外部性和货币外部性。技术外部性是纯粹由技术所作用的结果，通信网络的技术外部性体现为电信用户的效用与电信网络规模有关的特征，它可以采用梅特卡夫（Metcalfe Law）定律进行衡量，即网络的价值与用户数量的平方成正比。也就是说，网络规模越大，使用网络的用户数越多，网络价值就越高，因此扩大用户规模是电信运营的方向之一。货币外部性指生产者之间经由市场所作用的结果，通信产业的货币外部性体现为其他产业使用通信服务所产生的效益，即通信业为消费者所带来的经济效益。

（三）互联互通

为了打破垄断，各国通常都具有多家电信运营商，它们独立建设和运营网络，采用差异化资费策略来独立发展用户。要在用户间进行随时随地的话音和数据通信，不仅同一运营商内部的网络要实现连接，而且不同运营商之间也要实现漫游。

从网络架构和部署方案上讲，电信网络本身就是一个相互连通的系统。以移动通信为例，核心网设备负责进行交换处理和用户管理，无线设备之间负责无线信号的发射任务，二者之间需要采用电缆或者光纤等传输网络进行连接，实现无线覆盖；核心网设备之间也需要进行互联，实现全网范围内的呼叫管理和业务接续功能；国内运营商之间或者与国外运营商之间还需要经由关口局进行连接，为漫游到外网或者本网中的用户提供服务。

由此可见，互联互通性是电信网络提供无线覆盖和呼叫服务的基本需求，它涉及漫游方案、传输资源、资费结算等方面的内容。

结合网络外部性可知，加大互联互通的力度有助于提供更好的网络外部性和产业外部性。

(四) 普遍服务

电信普遍服务的目的是提升边远和乡村地区的通信能力,为全社会提供无差异的通信业务。根据 OECD 的定义,电信普遍服务是指任何人在任何地点都能以承担得起的价格享受电信业务,而且业务质量和资费标准一视同仁。

(五) 管制要求

电信运营商具有一定的自然垄断型,通常是寡头或者多头竞争,且无线频率资源有限,因此,在频谱分配、资费控制、互联互通资费计算等方面,都需要监管机构进行有效的规制,以保证电信产业的有序发展。"一带一路"电信合作中,需要接受当地政府规制和管理,在规则范围内行事。

国际电信合作中,合作的方向、广度和深度都受上述电信产业基本特性的限制,只有遵循电信产业的基本特点和规律,才能实现合作双赢,互惠互利。比如,对于"一带一路"相关工作,中国移动、中国联通和中国电信等三大运营商都具有明确的对外投资策略、多方合作方式、业务涉及范围、长远发展规划等方案。比如降低通话资费、提供全业务服务、建设海路电缆、增加数据中心、内容分发网络和网络服务提供点等。

结合电信行业的特点和电信经济学对众多项目进行归类和梳理,将有助于从宏观和全局的角度对各运营商的投资和发展思路进行分析,为未来进一步扩大和加深合作提供指导性建议。

五、具体实践:"一带一路"沿线基于电信经济学的国际合作

"一带一路"沿线上,众多国际电信合作和贸易项目都是从电信特点出发进行的,都符合电信经济学的基本原理。而借助电信产业的经济学特点,也便于理清各个项目的必要性、特点和未来发展方向,具体描述如下。

(一) 基于初始高成本特性的合作和贸易

电信产业需要较大的初期投入,投入不足会导致网络规模较小、无线覆盖匮乏、带宽资源不足。因此,引进投资、加快建设是提升网络信息化的重要手段。具体来讲,中国电信运营商可以在以下两个方面加强与"一带一路"沿线国家的电信方面的合作。

1. 加强投资和基础建设方面的合作

根据 ITU 和联合国教科文组织可持续发展委员会于 2019 年 10 月发布的"非洲宽带连接报告",短期内非洲要新增 2.2 亿上网人口,需要 90 亿美元的投资;长期目标要新增 11 亿上网人口,需要 1000 亿美元的投资,新增 25 万个 4G 基站,新增光缆 25 万公里。

由此可见,非洲通信设备市场投资和基础设施建设的潜力巨大。2016 年 6 月,基于"关于在非洲电信开展投资合作"的合作备忘录,中国电信等公司预期联合投资约 150 亿美元,用于建设和运营连通中国与非洲的直达光缆以及连通非洲各国的"八纵八横"光缆骨干网。截至 2019 年 7 月,中国联通"一带一路"项目也已经超过 30 个,投资金额已经超过 20 亿元。

同时,国内三大运营商都在大力拓展陆上和海底电缆。2017 年 11 月,中国联通投资建设的长达 2.5 万公里的亚非欧 1 号(AAE-1)海底光缆已由中柬共同建设完成。2018 年 7 月,中国移动开通了连接中国和巴基斯坦的首条全长 2950 公里的跨境直达陆地光缆。

2. 输出优势产能

在"一带一路"沿线发展信息高速公路,将助力中国优势产能的输出,包括产业链所涉及的各个方面,如电信设备、产品、标准、互联网应用等。

输出优势产能的重点在于"合作",要起到帮扶的作用。从产品销售和参与当地重大基础设施建设入手,扩大到在当地建立工厂,带动制造业发展,扩大劳动力就业,逐步演进到在当地设立研发中心,招收高端人才,研制适合本土化的产品。

目前,中国运营商也正在借助优势产能进行海外布局,比如中国电信在海外建立"智慧园区",提供智能化综合信息服务,为入园企业提供网络和信息化保障。

(二)基于网络外部性的合作和贸易

通信业的技术外部性和货币外部经济性都非常明显,大量用户是电信网络的基本要求,而优质、高效的通信服务将对社会经济发展起到重要的促进作用。所以,发展电信产业是提升 ICT 水平和整体经济状况的重要手段,这正是多国通信业合作的基础。为了增强电信网络的外部性,可以在设备、资金、技术、运营手段等各方面进行合作,谋求扩大当地的网络建设和使用规模,降低"一带一路"沿线的通话或者漫游资费,发展沿线国内和国外新用户,提高国内和合作地的网络利用率。

1. 降低资费

为了扩大"一带一路"沿线的合作，中国三大运营商积极出台资费优惠政策，降低漫游和国际通话费用，为国内单位和个人"走出去"筑基铺路。

从2017年5月1日起，国内三大运营商都对"一带一路"沿线国家和地区漫游资费进行了下调。中国移动的漫游资费优惠政策覆盖沿线64个国家和地区。中国电信也大幅降低国际以及沿线共计73个国家和地区，平均降幅达到90%。

截至2019年4月，中国联通已经和沿线64个国家的277家运营商合作，对"一带一路"地区国际通讯资费进行了大幅下调。国际漫游资费中，语音漫游资费2018年平均降幅达44%，数据漫游资费2018年平均降幅达46%。从降费效果上看，资费结果调整后，"一带一路"国际漫游用户总数较同比增长40%，数据总流量同比增长2.33倍，实现"一带一路"沿线语音漫游100%通达率，数据漫游通达60个国家和地区。

2. 提供全业务服务

电信业务种类繁多，国内三大运营商也都是全业务经营，在网络、传输和业务等方面，都拥有完善的、全面的端到端业务经营能力和服务经验，因此，提供多种业务也是中国和非洲各国合作的重要方向。比如，在"一带一路"沿线，中国联通提供数据中心、云计算、数据专线、带宽批发、系统集成、移动虚拟运营（MVNO）、国际漫游、物联网等业务在内的一揽子服务，带动区域内信息业务的发展。另外，中国联通还提出"丝路"计划，为国内以及当地金融、工业、能源、媒体等方面服务。

3. 业务本地化

为了进一步提升当地的信息通信服务水平，电信运营商在海外设置全资子公司、办事处或分支机构，积极探索国外股权投资、入股当地运营商、通信本地化经营新模式，直接在当地提供通信服务。例如，截至2019年4月，中国联通"一带一路"区域分支机构为12个，主要分布在南亚、东南亚、中亚、非洲以及俄罗斯等区域，员工总数为557人。

辛姆巴科是中国移动唯一的海外运营子公司，从2014年起在巴基斯坦率先提供4G服务，2018年又率先推出4G国际漫游服务，2019年率先开通4G高清语音（VoLTE）功能。截至2019年8月，已开通12250个4G基站，服务超过1300万4G用户。

此外，随着"一带一路"倡议的推进，由中国电信集团有限公司与菲律宾合作伙伴组成的 Mislatel 公司联合体于 2019 年 7 月获取电信运营牌照，正式进入菲律宾电信市场，成为菲律宾三大电信运营商之一。Mislatel 公司计划于 2020 年正式推出商用，在菲律宾推出 4G 移动服务、光纤宽带服务等电信业务，同时将加快 5G 移动网络的部署，提升菲律宾的电信基础设施水平。

（三）基于互联互通性的合作和贸易

从电信合作的角度来看，要加强互联互通，一方面可以大力建设光缆等传输资源、网络服务提供点（POP）和数据中心；另一方面为了增强运营商的网间漫游，也可以辅助运营商进行资费策略制定、漫游方案确定、传输路由配置等工作。

1. 建设光缆传输资源

扩建陆上和海底电缆有助于提供大容量、稳定可靠、低时延的传输通道，既缓解了跨洋的传输需求，还可以形成多路由保护，提升跨洋通信网络的安全性和网络整体安全性。

自"一带一路"倡议提出以来，中国联通就直接参与南大西洋国际海底光缆（SAIL）、中缅国际穿境光缆（CMI）及亚非欧 1 号（AAE-1）海底光缆等项目的建设工作。截至 2019 年 4 月，中国联通海底电缆已登陆及直达 19 个"一带一路"国家，陆地光缆与俄罗斯、哈萨克斯坦等 10 余个"一带一路"国家互联。

2017 年 5 月前，中国移动已经在亚洲区域内建成并开通了 8 条陆地光缆，同时参与 5 条海底光缆的建成工作。由中国电信与泰国、老挝运营商共同建设的中国—老挝—泰国直达陆缆通道，已于 2018 年 12 月 29 日开通并加载业务电路。该通道下一步还将延伸至马来西亚、新加坡，最终形成完整的"一带一路"泛亚中线战略通信解决方案。

此外，"中非共建非洲信息高速公路"项目中的非洲"八纵八横"宽带建设项目，宽带光缆设计里程预计约为 15 万公里，涉及非洲 48 个国家，途经 82 个大型城市，项目建成后，非洲将拥有覆盖整个大陆的高速宽带骨干网络，并能够在此基础上进行区域网络、城域网络、无线网络的建设。到 2019 年 9 月止，中国电信与周边接壤的多个国家和地区建成了 61 条陆缆，参与建设了 12 条国际及地区性海缆，并通过不可剥夺的权利的使用合同（IRU）等方式在 41 条海底电缆上建立了资源，持续提升了在美洲、欧洲、日韩及东南亚方向的网络服务资源和能力。

但是，作为中国越来越重要的合作区域，中非之间海底电缆资源仍然相对匮乏。根据中国信息通信研究院 2018 年 8 月发布的《中国国际光缆互联互通白皮书（2018）》，目前中国仅有 AAE-1 通达非洲，去往非洲的电路主要依靠中国香港、新加坡、英国、西班牙、美国等国家和地区转接。从长远来看，中国企业应考虑开始布局更多通达肯尼亚和南非等非洲国家的海缆资源。

2. 数据中心和 CDN/POP 节点建设

数据中心用来在互联网基础设施上传递、加速、展示、计算、存储数据信息。大型数据中心可以推动连接类、云计算、CDN（内容分发网络，Content Delivery Network 或 Content Distribute Network）等产品快速发展。CDN 由分布在不同区域的服务器群组成，用于实现内容缓存和管理、负载均衡和路由管理等功能。POP 节点（网络服务提供点）是 CDN 的边缘节点，它可为用户提供国际专线、国际互联网接入、语音交换、移动漫游、数据中心和云计算等一站式服务。POP 离用户越近，线路损耗越小，传输时延越低。因此，POP 节点数量不足会使传输时延增加、网间调度管理效率下降，同时还会涉及网络安全问题。

中国移动计划在"一带一路"沿线部署 61 个 POP 节点，形成贯穿"一带一路"的带状"信息驿站"，同时还计划部署 8 个数据中心作为实体"信息集散岛"。2019 年 8 月，中国移动国际公司在新加坡自建自营的数据中心已经正式投入使用。此外，中国联通自建国际网络节点（POP）覆盖"一带一路"主要热点区域，网络节点均为自有和自建节点，在"一带一路"区域覆盖充分，可以实现网络的统一调度、快速管理和配置。

到 2017 年 5 月，在国际通信设施方面，中国电信建设海外数据中心 13 个，海外直联点（POP）节点 67 个，共拥有跨境陆缆系统 35 个，国际传输资源达 25Tbps。到 2019 年 9 月，中国电信已在 42 个国家和地区拥有包括 18 个 IDC（互联网数据中心）节点在内的 183 个国际网络节点，国际传输出口带宽超过 50Tbps。

3. 标准方面的合作

技术、标准、应用等方面的协同和统一也有助于实现互联互通，因此应加强这些方面的合作。比如，中国移动借助 GTI 组织（TD-LTE 全球发展倡议组织）的号召力和影响力，组织编写和发布移动技术相关的白皮书，实现技术输出，争取标准统一。中国移动还依托中国移动"5G 联合创新中心"，汇集垂直行业的诸多单位，在"一带一路"沿线推进 5G 技术和标准方面的更广泛的合作，加强基础通信能力、云计算、物联网、车联网、工业互联网等重点领域的业务创新和标准化相关工作。

（四）基于普遍服务性的合作和贸易

推动电信普遍服务可以缩小城乡数字鸿沟，助力脱贫攻坚。中国国内电信业的普遍服务工作已经卓有成效，目前中国行政村光纤连通比例和行政村 4G 网络覆盖比例均已超过 98%，实现了农村城市"同网同速"，使得边远地区的农民进一步享受到城乡均等的基本公共服务，通过电子商务走上了致富之路。

全球范围内，部分国家的信息和通信化发展水平相对落后，移动业务和宽带普及率较低，有些国家地理环境恶劣，建设成本高，因此影响电信网络的发展，对规制机构和运营商实现普遍服务相关的工作也带来很大挑战。因此，在普遍服务方面进行合作，进行网络建设和业务发展，也是"一带一路"建设中电信合作的一种方式。

举例来讲，在"一带一路"国家布局中，2016 年哈萨克斯坦政府明确落实 1291 个村镇的光宽带接入网建设工作，即通过光宽带连接城镇，提高偏远乡村网络覆盖率，目前中国电信正积极探索以资本、建设和运营一体化的模式参与该项目，造福当地民众。但是，一些国家也可能会涉及行政审批层次多和许可证涉及部门多等问题，从而影响普遍服务的开展，中国电信在菲律宾就遇到此类问题，因此需要遵守当地政策并积极寻求解决方案。

六、"一带一路"电信合作的挑战

对于"数字丝绸之路"信息基础设施建设，陈炳福（2020）总结了通信运营商截至 2017 年底的建设情况以及目前存在的问题，即国家对"走出去"企业的政策指导、统筹和协调力度不足，信息基础设施建设与其他基础设施建设相互支撑和协作支持不够好，信息基础设施建设的推进不如预期。彭德雷（2020）认为，"一带一路"沿线国家的数字基础设施建设存在不平衡、面临安全威胁、面临监管挑战、缺乏有效的沟通和协调机制，数字基础设施投资融资渠道受限、面临着数据跨境流动风险、面临着投资的审查和监管力度正在加强的风险。

上述风险分析主要集中在国内方面，而国际方面所面临的风险也很大。比如，中巴信息走廊作为中巴经济走廊数字信息大通道，以巴基斯坦为核心，联结阿富汗，并接入 SMW5 海缆通道，但是受当地政局和地理因素影响，项目历经 10 年才于 2018 年 8 月 31 日正式全线贯通并投入商用。由此可见，中国电信运营商在"一带一路"沿线进行投资和业务合作，虽然有助于提升当地信息化水平，但是运营商"走出去"仍然会面临更大的挑战，比如政治风险、财务风险、法律风险以及宗教信仰问题等多个方面，因此应充分尊重价值规律、尊重管制要求、应对地理和环境挑战，预防技术抵制，以保证服务贸易的顺利进行。

以下各类风险目前仍然存在，因此需要加以防范。

第一，政治风险。一些国家的政治形势较为动荡，经济状态不佳，可能发生内战、暴乱或者金融危机，甚至遭遇国际制裁和款项被冻结的风险。因此，通信建设和运营合作的风险较大。

第二，财务风险。海外电信运营项目工程较大，所需资金多，如果所在国汇率不稳定，就可能存在汇率风险，此外还有税务制度的影响以及出现坏账的可能性。

第三，法律风险。如果合作方所在国家或地区法律制度不健全，就可能存在有法不依、执法不严等情况，因此企业面临相应的法律风险。

第四，宗教信仰问题。根据"一带一路"大数据报告（2018）可知，截至2018年底，"一带一路"涵盖71个国家34.4亿人口，民族众多，宗教信仰多样，因此业务发展过程中需要充分考虑当地宗教信仰，处理好技术合作、项目计划和宗教信仰之间的关系，保证项目和业务的顺利进行。

第五，价值规律。以服务和产品取胜，尊重价值规律，不打价格战，尊重国际标准、当地法律和经济规律，实现与当地运营商的共赢的局面。

第六，管制要求。电信行业属于敏感领域和政府管制行业，由于各个国家对电信市场的监管和规制方式不同，甚至监管政策不确定，因此，电信合作中可能面临监管部门以及政府的政治性和非商业性因素的干扰，容易遭遇不公平待遇。因此，需要在准入、价格和互通性等方面予以考虑和关注。

第七，地理和环境挑战。"一带一路"沿线国家众多，地理环境复杂，既要面对沙漠环境下的酷热，又要应对热带雨林条件下的洪流、塌方和蚊虫疾病传染等灾害。所以，项目建设方面要做好防范工作，保证人员和设备的安全。

第八，技术抵制。目前，西方一些国家抵制中国的5G设备，这会对"一带一路"相关国家的5G发展策略和设备选型产生影响，因此，中国运营商在对外合作和业务发展过程中需要做好相关的预警和防范工作。

基于上述考虑，"一带一路"沿线电信合作面临多方挑战。因此，"一带一路"沿线进行国际合作、投资和工程承包时，可以参考国内一些机构研发的"一带一路"国家投资环境指数等信息。比如，国家信息中心大数据发展部研发的"一带一路"国家投资环境指数是从政治环境、经济环境、营商环境、自然环境、对华关系等方面综合构建的;中国对外承包工程商会和中国出口信用保险公司联合发布的年度"一带一路国家基础设施发展指数报告"中,也包含通信行业需求指数;中国电子信息行业联合会与电子工业出版社联合发布的《"一带一路"国家工业和信息化发展指数》,对"一带一路"投资、建设和合作都具有很好的参考意义。

七、"一带一路"电信合作的未来和努力方向

全球范围内,信息和通信化水平差距巨大,存在巨大的互补性,早在2015年"一带一路"启动之际,中国与亚太部分地区以及非洲区域在信息和通信领域的合作工作就已经明确提上了日程。那么,中国在信息领域的优势有多大,未来国际信息和通信技术的合作空间和方向又如何呢?本节借助2019年国际电信联盟(ITU)的统计数据来进行分析和说明。

根据ITU对2019年世界各国信息和通信技术(ICT)进行的统计,亚太地区每百位人口中移动电话用户数平均为111.7,非洲为80.1;亚太地区的激活移动用户数平均为89,非洲平均为34。

LTE和5G覆盖了亚太地区91.5%的人口,而非洲则只覆盖38%的人口;亚太地区4G LTE和5G的覆盖率91.5%,甚至超过非洲3G、4G LTE和5G的总和79.5%,因此,亚太与非洲地区之间的移动通信水平之间的差距非常明显。

由此可见,"一带一路"沿线上,亚太部分国家和非洲地区信息通信技术(ICT)和移动通信发展水平都相对较低,未来会有很大的发展潜力,而中国的信息化水平和无线移动通信水平都较高,具有明显的先导优势,可以起到强大的示范和带动作用,在网络建设、覆盖区域、用户发展、业务推广等方面,中国和亚太各国以及非洲地区都具有较大的国际化合作的空间。因此,中国的电信运营商和设备商可以借助技术实力和产能优势,在ICT落后地区积极开拓市场,提升该国的通信水平,实现双赢的局面。

目前,中国国内三大运营商在"一带一路"沿线规划和实施了多种服务贸易和合作项目,成绩卓著。但是目前国际电信格局依然失衡,"一带一路"沿线电信水平参差不齐,那么,下一步该如何进行相关电信服务贸易呢?

根据2018年11月发布的《关于工业通信业标准化工作服务于"一带一路"建设的实施意见》,未来电信方面的合作方向是大力推进信息通信领域标准化合

作，在包括5G和物联网在内的新一代信息技术领域加强合作，促进标准化和产业化进程，完善智慧城市相关标准互认，深化北斗卫星导航领域合作，并在通信工程建设领域进一步深耕，提升网络互联互通水平，在"互联网+"方面提供更加全面的电信业务和服务。

具体到电信运营商来讲，"一带一路"沿线上，未来的合作方向可以从组织合作和技术合作两大方面进行考虑。

组织发展方面是指建立分公司或研发中心等结构推进合作。目前，中国电信运营商基本上以光缆等传输网络的项目建设为主，后续会通过分公司进行无线网络建设，直接提供电信服务，中国移动辛姆巴科有限公司就是一个合作范例。而后续如果能在本地建立研发中心，吸纳当地高端人才，研发适合当地市场的定制化服务和产品，无疑将会把双方合作带到一个新的高度。

技术方向上，结合之前的电信业的技术特点，可以持续推进网络互联互通建设，提供优质业务，推进5G网络建设等。比如，中国联通的未来策略就是持续推进"一带一路"信息光通道建设，为客户提供优质的综合信息服务，构建"一带一路"合作生态圈，探索投资合作进入新市场的机会，并将尝试在核心技术及业务领域采取并购、合资、参股等方式开展资本运作。

八、总结和展望

"一带一路"建设是中国坚持对外开放的一项基本国策，既有助于降低世界范围内的数字鸿沟，提升整体信息化水平，也有助于中国电信运营商实现国际合作，提升整体实力。通过分析可知，中国电信运营商与非洲以及亚洲部分国家的跨境电信合作现状良好，未来具有很大的前景。

目前电信运营商积极响应"一带一路"政策，克服政治、经济、信仰、地理环境等各方面的挑战，结合电信产业经济学的特点制定相应的政策和策略，加大建设投资，增强互联互通，提供普遍服务，大力布局海外市场，重点进行网络设施建设和投资，已经取得了很大的成绩。未来则需要进一步提升合作高度，在电信市场开发、业务推广、研发合作等方面加强合作，借助"抱团出海"等方式，实现新的飞跃。此外，随着数字产业的发展，工业互联网、产业互联网、云计算、人工智能、大数据、5G等各项新技术方面的合作也是未来"一带一路"电信服务和技术贸易发展的重点。

参考文献

[1] 冯宗宪,郭根龙. 国际服务贸易 [M]. 西安:西安交通大学出版社,2008.

[2] 王泽宁,金汉城. 海外电信项目投资风险及分析 [J]. 信息通信技术与政策,2019 (9):82-84.

[3] 林颖等. 以基础型信息应用激活"一带一路"沿线国家信息基础设施建设 [J]. 中国工程科学,2019 (4):33-38.

[4] 陈辉,董建军. 加快推进"一带一路"信息通信业"走出去" [J]. 信息通信技术与政策,2018 (9):1-5.

[5] 李正茂. 电信企业如何把握"一带一路"机遇——以中国移动的探索和展望为例 [J]. 南方企业家,2016 (9):74-77.

[6] 周舒. 我国通信服务贸易竞争力分析与对策 [J]. 移动通信,2017 (1):31-34.

[7] 周碧璇,屈文静. "一带一路"下我国电信服务贸易发展分析 [J]. 现代商贸工业,2018 (9):33-34.

[8] 汤婧. 电信服务贸易出口:现状、路径选择与发展前景 [J]. 国际经济合作,2017 (7):87-90.

[9] 王威. "一带一路"政策下运营商的发展策略 [J]. 中国电信业,2017 (6):16-20.

[10]《工业通信业标准化工作服务于"一带一路"建设的实施意见》印发 [EB/OL]. (2018-11-09). http://www.caict.ac.cn/xwdt/hyxw/201811/t20181109_188505.htm.

[11] 信息通信技术发展指数—背景文件 [EB/OL]. (2019-9-30). https://www.itu.int/en/ITU-D/Statistics/Documents/IDI2019consultation/IDI_BackgroundDocument_C.pdf.

[12] 2017年衡量信息社会报告内容提要 [EB/OL]. (2017-11-15). https://www.itu.int/dms_pub/itu-d/opb/ind/D-IND-ICTOI-2017-SUM-PDF-C.pdf.

[13] Measuring the Information Society Report Volume 2 [EB/OL]. (2018-12-10). https://www.itu.int/en/ITU-D/Statistics/Documents/publications/misr2018/MISR-2018-Vol-2-E.pdf.

[14] Measuring digital development: Facts and figures 2019 [EB/OL]. (2019-11-05). https://www.itu.int/en/ITU-D/Statistics/Documents/facts/FactsFigures2019.pdf.

"一带一路"视域下陇南市经济发展的思考

左成林

(中共陇南市委党校 经济学教研室,甘肃 陇南 746005)

摘 要: "一带一路"的建设为陇南经济发展提供了机遇。陇南市地处陕甘川交汇地,是"一带一路"沿线城市之一,沿线城市间经济交流越来越频繁,陇南各界也越来越认识到自身发展的不足。在充分借鉴"一带一路"沿线城市发展的有益经验后,结合陇南实际,准确定位,谋划适合陇南发展的战略,提升陇南经济发展的质量。

关键词: 一带一路 陇南经济 建议

[中图分类号] F127　　[文献标志码] A　　[文章编号] (2021) 01 - 0115 - 12

随着"一带一路"倡议的实施和建设,甘肃省陇南市也迎来了重要的发展机遇。陇南市地处陕甘川交汇地,是"一带一路"沿线城市之一,处于"一带一路"中欧班列运输线路兰渝铁路段中重要位置上,从战略角度来说,是重要的交通枢纽。陇南地理位置相当特殊,自然资源优势突出,区位劣势也相当明显,近年来,尽管经济得到快速发展,人民生活水平得到大幅提升,但经济增速放缓、产业结构优化缓慢、固定资产投资大幅下滑、软环境发展滞后、对外开放有限等问题也显现出来。随着"一带一路"沿线城市间经济文化交流增加,陇南各界也越来越认识到自身发展的不足,在充分借鉴"一带一路"沿线城市发展的有益经验后,结合陇南实际,准确定位,谋划适合陇南发展的战略,提升陇南经济发展质量。积极融入"一带一路"发展,这对陇南建设向南开放的桥头堡、甘陕川结合部重要的交通枢纽联结地、全国扶贫开发示范区、长江上游生态安全屏障和建设幸福美好新陇南具有十分重要的意义。

[作者简介] 左成林,男,中共陇南市委党校经济学教研室主任,副教授,研究方向:农村经济。

一、"一带一路"视域下陇南市经济发展的机遇

(一)"一带一路"为陇南经济发展提供新契机

随着陇南市交通路网和互联网的建成和完善,长期制约陇南经济发展的交通、通信问题将得到解决,优势、主导产业的生产和流通成本将明显降低,这为陇南市拓展市场和流通渠道,加强同外部的产业合作、资源互通和商贸往来,引进外部资金和人才提供了重要机遇,将缓解陇南市产业发展和提质增效升级面临的约束。

(二)"一带一路"为陇南拓展产业开放合作空间提供了新机遇

甘肃省是丝绸之路经济带的重要组成部分,陇南市是连接丝绸之路经济带和长江经济带的重要战略节点。长江经济带依托长江黄金水道,建设综合立体交通走廊,为陇南市对接成渝经济区和承接来自发达地区的产业转移提供良好条件。成渝经济圈、关天经济区、兰白经济区也为陇南市成为南下成渝、东出关中、北连兰白综合交通枢纽联结地创造了条件。

(三)"一带一路"为陇南加快承接区域产业转移创造了良好条件

"一带一路"有利于推进产业结构优化升级和发展方式转变、培育发展新动力,有利于推进区域之间的产业转移和要素流动、深化区域产业链分工协作。兰渝铁路、十天高速、兰海高速等交通的建成通车,将会带动陇南市连接大西南和大西北、融入成渝、衔接关中、对接兰白和九寨沟旅游圈的能力明显增强,陇南市承接区域产业转移,特别是来自发达地区劳动密集型产业转移的条件将更加优越。

二、陇南市经济发展现状及问题成因分析

(一)发展现状[①]

1. 从纵向看

(1)经济总量不断扩大。2011—2019年国民生产总值分别为197.7亿元、

[①] 数据来源:《陇南市国民经济与社会发展统计年鉴》(2011—2015年);《陇南市情》(2011—2015年);《甘肃省国民经济与社会发展统计年鉴》(2011—2015年);陇南市、各县区"十二五""十三五"规划。

226亿元、249.5亿元、289.4亿元、315.1亿元、339.89亿元、355.28亿元、379.23亿元、445.09亿元，经济总量不断扩大。

（2）规模以上工业增加值不断增大，产业结构持续优化升级。2011—2019年规模以上工业增加值分别为31.2亿元、35.3亿元、40.16亿元、40.1亿元、41.2亿元、38.62亿元、39.58亿元、42亿元、46.2亿元。三次产业结构由2011年的25.3∶30.6∶44.1调整为2019年的17.73∶23.98∶58.29，产业结构得到进一步优化。

（3）固定资产投资规模先升后降。2011年完成固定资产投资290.8亿元，2016年是654.02亿元，之后逐年同比下降，2017年同比下降38.71%、2018年同比下降37.95%、2019年同比下降11.79%。固定资产投资规模的不断扩大，对拉动经济增长、促进企业发展、提供更多就业机会、扩大消费起着非常重要的作用。而在最近三年，随着固定资产投资的大幅下滑，对经济的拉动和就业影响巨大。

（4）居民收入较快增长，扶贫开发取得长足发展。2011年城镇人均可支配收入为12123.6元，2019年城镇人均可支配收入为25613元，绝对值增加了13489.4元。2011年农民人均可支配收入为2621元，2019年农民人均可支配收入为7734元，绝对值增加了5113元。贫困人口由2011年底建档立卡时的130.46万人下降到2016年的41万人，贫困发生率由53%下降到16.5%，荣获"全国电商扶贫示范市"和"2015中国消除贫困创新奖"。2019年，陇南全市实现全面脱贫。

2. 从横向看

（1）综合实力与全省的差距较大。2011—2015年全市国民生产总值在全省的占比分别是3.94%、4.00%、3.98%、3.84%和4.64%，占比相对较低。2015年全省人均生产总值为26165元，全市为12721元，仅是全省的48.62%，差距不断拉大。2014年按人均生产总值排名，在全省86个县区中徽县排第44位、成县第47位、武都区第53位、两当县第58位、文县第68位、康县第70位、宕昌县第81位、西和县第83位、礼县第84位，基本都处于中后发展位置。

（2）一般公共预算收入与全省平均水平差距大。2011—2015年全市一般公共预算收入在全省的占比分别是2.90%、3.07%、3.54%、3.55%和3.42%。财政依存度（一般公共预算收入占GDP的比重）低，2015年财政依存度全国为22.49%、全省为10.98%、陇南市仅为8.08%。经济社会发展财力保障不足，导致政府调控能力有限，提供公共服务能力弱，经济运行质量不高。

（3）城乡居民收入与全省平均水平的绝对差在拉大。2011—2015年全市城镇居民可支配收入与全省平均水平的绝对差值分别是 -2865 元、-3080 元、-3410 元、-3803 元和 -4852 元；2011—2015 年农民人均可支配收入与全省平均水平的绝对差分别是 -1288 元、-1419 元、-1572 元、-1712 元和 -1513 元。2015 年城镇居民可支配收入在全省排第 13 位（倒数第二），农民人均可支配收入在全省排第 14 位（倒数第一）。

（4）多项经济社会发展指标处于全省末尾。一是规模以上工业增加值，2015 年全市规模以上工业增加值在全省的占比仅 2.48%，在全省排名第 11 位。二是城镇化率，2015 年全省城镇化率为 43.19%，陇南市为 28.16%，在全省排第 14 位。三是小康指数，2014 年全市小康指数实现程度 61.98，在全省排第 14 位。

（二）问题成因分析

1. 存在的问题

（1）固定资产投资大幅下滑，而自身发展动能又不足，在财力不足的情况下还要为改善基础设施、优化发展环境、建设开发区、提供更多公共产品等不断举债，陇南经济发展陷入财政收支严重失衡的"恶性循环"之中。

（2）企业扩大再生产难。一是建设用地紧缺，一方面企业为扩大规模急需建设用地，另一方面农田保护政策红线不可逾越，部分农户又不愿意土地流转。二是融资难，从民营企业自身看，一方面有些企业经营时间短、规模不大、效益不高、信用体系不完善，银行对其不信任；另一方面民营企业土地大多是流转土地，属于集体性质的租赁土地，不能作为银行贷款的抵押资产。从金融部门看，国有商业银行首先考虑的是金融安全，农业企业风险高，所以不愿放贷。三是先进技术和管理经验引进推广难，企业转方式、降成本困难大。

（3）软环境发展滞后。部分领导干部和企业家、甚至部分民众仍存在观念落后、竞争意识不强、"等靠要"的思维；个别部门存在不作为、乱作为、相互推诿扯皮现象；财政自给率低、历史债务沉重，政府调控能力弱，创造公平竞争环境不力；对重大政策和区域发展战略研究不深不透，贪大求全心态严重，项目规划滞后。

（4）龙头企业"龙头"效应弱。一是产业化经营水平低。特色农业产业大多仍是生产规模的低层次扩张和低水平重复建设，科技含量不高、产业链条短、经营粗放、产品竞争力弱、市场发展空间有限的问题比较突出；龙头企业的数量多但规模小，且多为产品初加工为主，抵御市场风险能力差，投资周期长、回报慢、风险大、经济效益低，受资金、人才、内外环境、创新能力、市场开拓等因素制约，短时间内难以做大做强，"龙头"效应并未完全显现；企业组织化程度低，资源得不到有效整合，信息不能实现共享，企业间形不成合力。二是产品销售市场开拓难。尽管陇南特色农产品种类多、品质好，但精深加工产品少、杂牌产品多、名牌产品少，严重影响农产品的声誉、市场占有和对外市场的开拓，产品优势未能有效转化为市场优势。三是电商销售遇困境。部分乡镇村社的电商由于交通不便，物流成本高，大大压缩了利润空间；专业人才缺失，一些电商人才由于收入不高离开电商；电商销售产品品牌杂乱、标识不清、"三无产品"多，不仅易引起消费者的疑惑，而且引来一些"职业打假人"的索赔。

（5）工业企业发展滞后。一是园区建设滞后，辐射带动能力弱，全市除徽县工业园区（市级）处于正常运行轨道外，其他县区工业园区大多处于微运转或"空壳"状态，陇南的区位劣势、创业环境及企业未来预期收益等制约着园区的招商引资。二是对外开放程度不高，对外贸易较弱。三是科技含量高、节能环保、带动能力强的工业企业少。

（6）城乡一体化推进缓慢。由于资金不足和缺乏产业支撑，绝大多数中心城镇存在基础差、功能弱、市场发育不全的问题，导致对内缺少带动力，对外缺乏吸引力，难以聚集更多的资本、技术等生产要素，难以成为辐射农村经济发展的核心，对农村经济社会发展的带动作用弱，制约城乡一体化的发展，也制约着陇南经济的高质量发展。

2. 成因分析

（1）陇南经济发展进入"低谷期"。当前，全国经济发展进入新常态，在这宏观大环境下，陇南经济也进入"换挡期"，经济发展也进入调整期，不再单纯追求 GDP 增速和经济规模的绝对增加，而是更加注重经济规模、质量、效益的协调发展，更加注重生态建设，在外部环境和内部因素的共同影响下，陇南经济发展进入"低谷期"。

（2）陇南经济发展进入"转型期"。一是工业骨干企业为严格执行国家节能环保、生态保护和安全生产政策不得不停产，复产没有明确的时间表。而市场主体的培育需要一个长期的、煎熬的、阵痛的过程。二是在供给侧结构性改革下，经济增长由依赖资源向创新驱动转变，经济发展方式由粗放向集约转变，产业结构优化升级，发展进入"转型期"。

（3）存在"固化"思维。重农轻工、小农意识、嫉妒排外、自我膨胀、小进即满、"等靠要"等"固化"思维严重制约和影响着陇南经济的发展，这些"固化"思维的消除、思想观念的转变和企业家精神的培养需要一个长期的过程。

（4）缺少能够长期坚持并贯彻的发展规划。只有长期坚持并随宏观环境和内部因素变化而不断"微调"的发展规划，才能做到持续有效发展。如果对自身优势、劣势认识不到位，没有深层次分析与发达地区自然资源、社会人文资源、经济发展水平和生产力发展水平的差异，盲目照抄照搬别人的发展模式和发展举措，只会造成发展思路不清和决策的"多变性""随意性"，就会陷入"什么都搞一点、结果什么都没有，什么都不突出"之中，导致经济发展特色不突出，产业优势拉动作用不明显。

（5）以特色农业为主导产业的经济发展是"弱质经济"。一是抗灾害能力弱，陇南市设施农业发展少，而自然灾害频发，绝大多数特色农业生产看"老天"脸色。二是抗市场风险能力弱，外部市场的价格波动直接影响着陇南农产品的价格和销售，决定着龙头企业能否良性运转。三是竞争能力弱，特色农业企业基本上都是中小企业，都是劳动密集型产业，在现代市场竞争中处于劣势。四是对财政贡献弱，特色农业生产享受国家优惠补贴政策，是富民产业。

三、陇南市经济发展的优势与劣势

（一）优势

1. 自然资源优势

（1）生态环境优势，作为甘肃唯一全境位于长江流域的地级市，陇南市兼具南国之灵秀、北国之雄奇，素有"陇上江南"之美称。2016年森林覆盖率达42.4%，比全省高29个百分点，比全国高19个百分点。

（2）生物资源优势，自然生长的树种多达1300多种，中药材1200多种，境内生息着300多种野生动物，占全省一半以上。

（3）矿产资源优势，陇南市现已探明金属和非金属矿产34种，矿产地445处，与周边区域具有很强的资源互补性，如平凉的煤炭、庆阳的油田、广元的天然气、宝鸡的铅锌等。

2. 特色农业资源优势

陇南市是中国主要中药材产地之一，野生药材种类繁多，素有"天然药库"

之美誉。甘肃省出产的五大拳头药材（当归、党参、黄芪、大黄、甘草）中，除甘草外其余四大药材均以陇南市为主产地，年产量占全省70%以上，出口量占全省90%左右。花椒、木耳、茶叶、油橄榄、核桃、苹果、食用菌等特色农产品生产、加工、销售已具规模。

3. 旅游资源优势

（1）文化资源优势。传说中的人文始祖伏羲就出生在西和仇池山，以牧马立国的秦人先祖的都邑西犬丘就在礼县一带，汉、藏、回和古氐、羌等多民族长期聚居，形成了多姿多彩的风俗民情。

（2）自然旅游资源优势。拥有全国三大天池之一的文县天池，西北最大的溶洞武都万象洞，被赞誉为"甘肃的西双版纳"的白水江自然保护区，被称作"陇上小九寨沟"的官鹅沟以及梅园沟、云屏三峡、三滩等自然景观。

（3）红色旅游资源优势。哈达铺红军长征纪念馆和两当兵变纪念馆是全国爱国主义教育示范基地，全国民族团结进步教育基地，红色旅游经典景区。

（4）拥有对接周边重庆、成都、兰州、西安等中心城市和大九寨旅游圈、西安—宝鸡—天水丝绸之路旅游走廊等中高端消费市场的优势。

（二）劣势

1. 人才劣势

绝大多数拥有技术和高学历的高端人才引不来、大量高素质人才又不断流出，人才断档问题严重，农村大多数青壮年外出打工，农业科技推广难度大。

2. 区域间竞争力不强

陇南市与"一带一路"沿线城市的产业趋同现象比较突出，沿线区域之间围绕产业、资源、资金、项目、人才的竞争也将更加激烈。

四、"一带一路"视域下陇南市经济发展的建议

（一）树立全新发展理念

1. 全新开放理念

积极融入和对接长江经济带、成渝经济圈，实现合作共赢开放发展，建好"甘肃向南开放的桥头堡"。加强与重庆、成都、兰州、汉中、广元、绵阳等邻近地区的全方位交流合作，打造产业开放开发共同体，探索营造区域联合品牌新

方式。以向南开放为重点,积极谋划与丝绸之路经济带以及兰州新区、关天经济区、大九寨旅游经济圈、秦巴山片区的产业合作,打造承接产业转移的平台和辐射带动的节点,构筑陇南全方位开放新格局。

2. 新发展理念

新发展理念就是指创新、协调、绿色、开放、共享的发展理念,新的发展理念注重的不是 GDP 的简单增长,不是单纯铺摊子上项目,而是把经济发展引向更加注重质量、更加注重效率、更加注重公平、更加注重持续、更加注重生态环保的轨道上来。

3. 市场意识

一是遵循经济规律,经济发展曲线是波浪形的,经济增速有高有低,不能简单认为经济发展只有增长没有徘徊。二是树立市场对资源配置的意识,用市场经济的手段处理经济发展中出现的新问题。三是破除个别干部群众"等待观望"意识,大胆作为,实现从"要我发展"到"我要发展"的转变。

4. 危机意识

一是破除"小富即安、小进即满和盲目自满"的思想,把陇南市经济多作纵横比较,查找差距和不足,牢固树立"不发展即倒退,发展慢了也是倒退"的理念。二是树立"问题导向"意识,找问题、找根源、找出路,要思进、思变、思发展,不断解决经济发展过程中出现的困难和问题。

5. 主动作为意识

主动研究"'一带一路'、长江经济带、成渝经济圈、关天经济开发区"沿线及周边城市发展战略,主动寻找差距,主动预判经济发展风险,主动"引进来"与"走出去"并重。

(二)构建质量高、结构优的产业发展体系

1. 发展现代农业

陇南市特殊的地理位置使农业具有天然的特色优势,发展农业特色产业已成为发展现代农业的首选。一是做大做强农业龙头企业,加大对农业龙头企业的重组整合,形成竞争力、带动力更强的农业龙头企业集团。二是引导特色农业产业集群化发展,在特定区域内整合县与县之间相同产业、关联企业组成具有竞争优势的产业群和企业集团。三是利用特色资源和国家地理标志保护产品等优势,把提质增效作为陇南农业供给侧结构性改革的重要内容,按照"调结构、保质量、降成本、补短板、创品牌"的要求,创新农业业态和商业模式,构建现代农业产

业体系。

2. 发展现代工业

一是发展电子信息技术、高性能集成电路、新材料、新能源、生物医药等战略性新兴产业集群。二是对现有工业企业生产方式和结构进行调整，培育技术先进、专业化程度高、有发展潜力的工业企业转型发展。三是立足资源优势和产业基础，抢抓创新驱动、制造强国、"互联网＋"行动计划等重大战略机遇，构建有色金属、水电能源、白酒酿造和新兴产业，打造甘陕川结合部新兴产业新增长极。

3. 发展现代服务业

一是围绕甘陕川结合部重要交通枢纽联结地的发展定位，完善物流基础设施，引进培育现代物流企业，重点发展园区物流、专业市场物流、产业集群物流和城乡配送物流等，构建功能完善、布局合理、绿色高效的现代物流综合服务体系，建成联通西北与西南的陇东南现代物流中心。二是加快现代物流业整合和联合，依托区位优势，推进区域性商贸物流中心建设，实施农产品综合流通体系建设工程和新农村现代网络建设工程，发展农产品冷链物流，培育、引进大型连锁商贸企业。重点建设成县华昌商贸物流中心、武都区吉石坝东盛物流中心、宕昌县哈达铺物流园区、西和县现代商贸物流园区等区域综合性物流中心。三是发展文化和生态旅游业。发展以康县为典型的美丽乡村建设，文县白马文化旅游业，宕昌、两当的红色旅游业，西和县乞巧文化业、礼县秦文化业等文化、生态旅游产业。以丝绸之路经济带黄金段旅游大景区和华夏文明传承创新区建设为契机，瞄准打造甘陕川毗邻地区生态休闲度假与历史文化观光旅游目的地，打造大九寨旅游圈新增长极。四是发展医疗养生服务、养老保健服务等现代服务业，不断拓展新的服务领域。

4. 实施创新驱动战略，培育竞争新优势

一是建立市县（区）联动创新平台，加强政府在科技成果转移转化政策制定、平台建设、人才培养、公共服务等方面职能，设立科技发展专项基金，营造有利于科技成果转移转化的良好环境。二是发挥市场在配置科技创新资源中的决定性作用，促进技术、资金、人才等要素向创新创业集聚。三是强化企业与高校、科研院所的协同创新，探索科技成果转化的新模式。四是加强对新技术的引进和应用，推动"新技术、新业态、新模式、新产业"发展，培育壮大创新型企业。五是发展信息技术、生物种业和农产品精深加工、新材料、节能环保等新兴产业。

5. 围绕"绿色"发展经济

按照"两带一轴"产业布局，主动融入"一个战略平台、六大产业集群"特色产业体系，培育以低碳排放为特征的新的经济增长点，构建有色冶金、建筑建材、农特产品加工、现代医药制造等传统产业与新材料、装备制造等新兴产业协同发展体系。

（三）营造良好的经济发展环境

1. 全面完善硬环境

一是加强交通基础设施建设，建立县域内和县域间的立体交通网络，提升通行能力。二是加强水利基础设施建设，建立城乡供水安全保障体系，建成较为完善的灌溉及流域防洪排涝减灾体系。三是加强信息基础设施建设，扩大信息网络覆盖范围，实现信息资源共享。四是牢固树立绿水青山就是金山银山的理念，坚持走生产发展、生活富裕、生态良好的发展道路。

2. 全面提升软环境

一是提高政务效率，积极推行集中审批、联合审批，简化环节、优化流程，严惩不作为、乱作为、相互推诿扯皮行为，营造优良的政务环境。二是倡导求真务实创业，弘扬自强、贡献的创业精神，营造重商、亲商、崇商的社会氛围，营造良好的"双创"社会环境。三是减少政府对经济活动的干预，尤其是对企业发展的直接干预，在依法依规监管下营造公开、公平、透明的市场环境。

（四）加快工业园区建设，促进经济大发展

1. 加强工业园区建设

陇南市现有西成经济开发区和陇南徽县工业园两个市级园区，已有了一定的经济基础和产业基础，但基础设施还需进一步改善，应对道路桥梁、垃圾污水处理和供水供电供气等进行改造升级。在基础较好的县城和中心城镇新建一批能突出当地资源优势，突出项目载体的工业园区，鼓励发展循环经济园区、现代农业园区和现代服务业园区，突出园区的个性特色，防止"空壳"园现象的发生。

2. 提高园区招商引资质量

陇南市招商引资往往签约率高而落地率低，应认真总结经验教训，深入研究经济发展的新趋势和资本流动、产业转移的新特点，立足比较优势，精心筛

选成功率高、辐射带动作用大的项目,积极开展诸如文化旅游节、特色产业节等形式多样、灵活机动的招商活动,围绕"特色牌""优势牌""资源牌"招商引资。

3. 扶持中小企业健康成长

一是进一步提高政府服务水平和办事效率,改善投资环境,采取多种优惠政策降低企业入园成本。二是针对中小企业普遍存在创业初期融资难、用地难的问题,采用由政府财政投资拉动和市场化运作相结合的方式,集中建造一批标准厂房,通过厂房低价租赁及提供各种优质配套服务,促使其快速健康成长。三是支持中小企业进行技术改造和新产品开发,增强抵御市场风险的能力。四是通过政府搭建平台举办展销会、商品交易会,建立专业批发市场,帮助中小企业拓展销售渠道。

4. 加强品牌建设

"品牌"是产品进入市场的钥匙,"知名品牌"是占领市场的金钥匙。尽管陇南市有"康耳""祥宇""田园"等知名品牌,但总的来说,知名品牌少,市场影响力有限。因此,政府必须整合资源,激励企业提高产品质量和产品创新,帮助企业进行品牌注册和宣传,形成一批知名品牌。

(五)加快城镇化建设步伐,为经济发展提供基础支撑

1. 促进产业与城镇相融合

推动城镇化与工业化、农业现代化、现代服务业的融合发展,将产业发展与人口集聚、城镇建设结合起来,发挥中心城镇在县与村之间产业、要素、资源配置等方面的衔接功能。

2. 走特色城镇化道路

特色是城镇品质和魅力所在,也是城镇化建设的根本着力点。在推进城镇化进程中,城镇布局、结构、功能定位,规划中要充分依托自然、历史和人文资源的优势,形成发展导向明确、要素配置均衡的发展格局。

3. 推进城乡一体化建设

坚持"陇上山水生态园林宜居城市"的战略定位和市区、县城、小城镇、美丽乡村"四位一体"的城镇化建设基本框架,构建以市区为区域中心,以八县城区为节点,重点小城镇和建制镇为骨架、村镇社区为脉络、交通信息为纽带、特色优势产业和富民多元产业为支撑,中心突出、体系完善、布局合理、梯度辐射、功能互补的开放式新型城镇化格局。

参考文献

[1] 中共中央文献研究室. 习近平关于社会主义市场经济建设论述摘编[M]. 北京：中央文献出版社，2017.

[2] 习近平谈"一带一路"[M]. 北京：中央文献出版社，2018.

[3] 中共中央组织部干部教育局组织编写. 新发展理念案例选：开放发展[M]. 北京：党建读物出版社，2018.

金融保险

从金融行业服务现状看保险领域的寿险战略

张 屹

(中国人民人寿保险股份有限公司 党组工作部,北京 100020)

摘 要:保险行业、监管机构和保险消费者在寿险销售过程中存在信息不对称的问题,从而引发以销售误导为主的一系列行业顽疾,深入探究寿险销售信息不对称的根源是一项十分重要的任务。长期以来我国小型保险公司尤其寿险公司如同小型银行一样数量少,居于弱势。寿险机构特别是民营保险领域的寿险机构应该学习地方银行,有效、有针对性地为中小企业提供优质的融资服务,提供"温暖"的保险服务。大型国有银行在推动社会责任建设方面更应该成为寿险行业的风向标。

关键词:风险管理 保险责任 绿色金融 寿险战略

[中图分类号] F842.6 　　[文献标志码] A 　　[文章编号] (2021) 01 - 0127 - 08

一、金融行业的"温暖"举措与寿险行业的"火热"态势

(一)"绿色"是金融行业的暖色调

目前,大型国有银行纷纷践行绿色办公理念,推广绿色低碳服务模式,创新环保应用,加强设施设备回收利用,为绿色社会发展作出更多贡献。倡导"绿色、低碳"理念,推动落实绿色办公管理要求,建立能源管理体系,监控重点耗

[作者简介] 张屹,男,法学博士,中国国际问题研究院助理研究员,中国人民人寿保险党组部主管,研究方向:非传统安全问题、全球治理、经济外交。

能设备运行状况,推进资源合理回收利用,降低对环境资源的影响,履行绿色环保承诺。

2018年6月12至13日,央行在浙江举行"绿色金融改革创新试验区建设"座谈会,签署《绿色金融改革创新试验区银行机构率先开展环境信息披露倡议》。浙江省在配合绿色金融方面同步推出了一系列绿色金融产品,安全生产和环境污染综合责任保险在浙江衢州市首次投入市场,创新发展白茶低温气象指数保险以及船舶油污损害责任险等一系列产品在浙江湖州也投入市场运营。

此外,为鼓励绿色保险创新发展,江西省在赣江新区逐步对环境高风险企业实施环境污染强制责任保险全覆盖。正如当前碳达峰与碳中和成为国际金融市场的重要看点,江西设立环境权益交易中心,归集水权、排污权交易,早于碳达峰、碳中和的市场引入。一系列交易权将始于地方改革,逐步向全国交易市场拓宽。

2021年"后疫情"时期,全球气候合作历经反弹取得了新进展,包括中国在内的40多个国家和地区宣布碳中和目标,为经济绿色复苏、实现巴黎协定目标打下了坚实基础。作为过去、当前和未来可能的温室气体排放主要来源,欧洲和美国、中国与"一带一路"沿线国家存在丰富的合作空间,例如政策交流、标准协调、绿色投资、跨境资本流动,也为各国投资者创造规模巨大商机。中国、美国、欧洲和"一带一路"国家地区的政策制定者、监管部门、国际组织和金融机构的高级别官员,就金融行业如何更好支持碳中和目标和《巴黎协定》目标的实现在"后疫情"时期都作出了重要研判。

(二)中国银行坚持稳健经营与强化反腐意识

持续完善全面风险管理体系,强化重大风险事项管理,依托大数据、机器学习、人工智能等技术构建智能风控体系,是银行业金融机构坚持稳健经营的重要举措。以中国银行为例,在做好反洗钱与制裁合规管理、全面防范化解风险、守住风险底线方面,颇有实践成效。2019年7月,中行加拿大分行举行了反洗钱、反恐怖融资专题系列培训,百余名员工在现场或通过视频参加了培训。培训内容涵盖监管机构新要求、现反洗钱制度等内容,通过培训,帮助员工系统学习反洗钱与反恐怖融资监管的最新实践,让反洗钱、反恐怖融资意识深入人心。

深化构建反腐倡廉长效机制,大力开展廉洁文化建设,筑牢拒腐防变的思想防线。利用公司内网、微信公众平台等多种渠道大力宣传反腐倡廉相关内容,强化员工反腐责任意识。

（三）工商银行优化服务质量与创新服务模式

工商银行的"银行+保险+期货"模式，是响应金融扶贫政策的重要举措。在总结原来的"银行+保险+期货"金融扶贫模式基础上，与保险公司、期货公司等机构开展合作并共享客户资源，将保险产品应用于贫困地区畜禽养殖和特色种植业，拓宽了农业险市场，覆盖了社会需求，为当地农户和企业降低了经营风险以及稳定了收益。

规范市场营销与数字化运营同步推进，也是银行提升服务质量的重要举措。2020年工商银行在其董事会设立了企业文化与消费者权益保护委员会，并将投诉管理工作推到线上，提高了处理效率，提升了消费者权益保护工作的力度。大数据和云计算的运用推进了网络安全体系。更为重要的是，完善数字化管理是提高网络金融实时反欺诈、反恐融资能力的重要环节。

此外，优化远程服务，退出远程协同视频服务，改善网点服务环境，提升网点窗口服务效率，完善消费者权益保护体系、强化内部消费者保护体系、强化客户投诉管理，加强金融知识宣传，都是工商体现服务温暖的有力举措。

工行完善客户信息保护机制，加强对客户资金安全、账户安全和信息安全的保护，保护客户隐私严格规范对消费者个人信息收集、使用、保存等行为，开展金融知识教育，创新风险管理模式，多角度、多渠道维护消费者权益。坚持按照"控制环境、风险评估、控制活动、信息与沟通、监督与评价"五要素框架持续建设内部控制体系，编制各专业《内部控制手册》面向全系统员工印发。实现对关键岗位关键环节的风控。

工行还提出的三大"温暖"举措：做深"头部"客户：做好定制化、综合化联动金融服务，巩固提升头部客户服务质效；做强"中部"客户：积极开展集团公司核心成员企业、地方骨干企业、细分行业龙头企业的拓展；做宽"底部"客户：充分发挥平台和服务创新优势，以平台为核心、批量拓户。

（四）国寿携手地方政府惠及民生

2020年9月27日下午，中国人寿集团与海南省人民政府在海口签订战略合作协议。习近平总书记发表"4·13"重要讲话之后，中国人寿第一时间出台了一系列有力政策和务实举措，不断完善在海南的"保险、投资、银行"综合金融布局，努力服务和支持好海南全面深化改革开放工作，争当助力海南深化改革、扩大开放的开拓者和实干家。海南省政府在改善营商环境、提升发展动能等方面具有较强的意愿，希望在投融资、保险保障、健康养老等方面与中国人寿加强合作。

（五）阳光寿险推进战略部署、实现自身蜕变

曾任人保山东分公司副总经理的张维功，于 2007 年创立阳光人寿。阳光人寿保险股份有限公司近年来开始尝试结合互联网方式的销售及服务模式，推出"客户脱媒"互联网业务战略，通过合理的销售管理机制、优质的前中后台服务、高效的互联网运营平台、高素质的互联网业务管理团队，实现阳光人寿与客户、阳光人寿与销售队伍的互联、互动、直通，实现了业务转化与直营直销的充分融合。让互联网成就客户价值和公司价值。阳光人寿还成功实施了"客户脱媒"互联网战略，实现了传统业务和互联网业务的融合，满足和协调公司、客户、销售人员三方需求，推动公司、客户、保险销售人员三方共赢，值得借鉴。阳光人寿对重大疾病类产品进行责任扩展。2020 年 4 月 30 日以前若确诊感染新冠肺炎，依据生效合同额外给付基本保险金额 30%，并维持原保险责任。

二、人保集团开展"温暖工程"面临的问题与短板

为践行习近平总书记"以人民为中心"的发展思想，中国人民保险集团于 2020 年积极提出了"温暖工程"系列活动倡议，人保集团寿险公司更是从关注人民群众生命健康的视角开展工作，提升服务质量，为"温暖工程"的开展制定了实施方案。

（一）寿险行业普遍存在的问题与反思

绿色营销的理念是通过与客户建立健康、和谐和持续的关系来进行营销。这种营销理念的提出，使得寿险公司不仅仅只是关注自身的发展，也要考虑到保护被保险人的利益。在寿险公司对营销方式进行创新的过程中会产生新的风险，如何对这些风险进行管理就是寿险行业应该关注的前沿问题。

我国寿险行业消费误导现象亟须治理。伴随保险费率的市场化改革、政府鼓励发展保障型保险产品，国内传统寿险产品的发展尚处于起步阶段，机制有待完善。虽然目前我国寿险市场深具发展潜力，行业前景虽可观却存在顽疾、亟待清除行业外部发展障碍。其中，外部发展障碍也可能源于自身的短板，例如，销售误导问题是寿险行业通病，一直未得到有效治理。伴随保险消费需求多元化，销

售误导的表现方式日益多元和复杂。

从银保监会历年保险经营违规通报来看，案例中涉及人身险的，一般涉及保险公司合同纠纷类投诉、涉嫌违法违规类投诉，在人身险涉嫌保险公司违法违规类投诉中，违规行为占到90%。寿险销售误导现象之所以泛滥，外因是我国养老体系与人身险理念的社会认知局限，既是行业弊病，也是社会局限，内外部因素共同促使中国保监会在2017年6月出台了《保险销售行为可回溯管理暂行办法》，以便对保险销售服务行为进行规范，打击销售误导和欺诈行为。中国人口发展结构的现实要求政策法规的不断完善，此外还应吸收英、美、日等国在寿险销售监管方面的成功经验；针对成因分析，从寿险市场各参与主体的角度出发，有的放矢，提出有效的整治措施。

（二）寿险行业普遍存在的问题

1. 核保条件苛刻

有过一般疾病史的很难再投相关险种。

2. 销售误导现象普遍

2012年中国保监会发布《人身保险销售误导行为认定指引》的通知，其中对销售误导和销售欺诈作出了具体认定。当人身保险公司、保险代理机构以及办理保险销售业务的人员，在人身保险业务活动中，如果存在以下七种欺骗行为的，即认定为销售误导或销售欺诈，包括：夸大保险责任或者保险产品收益；对与保险业务相关的法律、法规、政策做虚假宣传；以赠送保险名义宣传销售保险产品，实际并未赠送；对保险公司的股东情况、经营状况以及过往经营成果做虚假宣传；以银行理财产品、银行存款、证券投资基金份额等其他金融产品的名义宣传销售保险产品；以保险产品即将停售为由进行宣传销售，实际并未停售；将本公司的保险产品宣传为其他保险公司或者金融机构开发的产品进行销售，或者将本公司的销售人员宣传为其他保险公司或者金融机构的销售人员。

此外，在寿险公司的实践经验中，还存在有以下一些具体的现象：

（1）片面介绍。销售人员不向消费者解释犹豫期、退保损失、除外责任等事项，使消费者没有全面了解投保人的权利义务。

（2）夸大功能。销售人员夸大保险责任，或夸大投资收益，或"信口开河"夸大分红水平，或"断章取义"，利用保险公司公布的短期收益率，预测分红水平，引诱消费者投保。

（3）虚假宣传。保险公司或保险销售人员以增加销售为目的，私自印制保险产品说明书或其他宣传材料，其中掺杂虚假宣传内容或欺诈误导成分。

（4）混淆产品。此类现象多发生在银邮代理领域，主要是保险公司银保专员或银行工作人员将保险产品介绍为银行理财产品，有意混淆保险产品经营主体，套用"存入""本金""利息"等概念，并将保险产品的利益与银行存款收益、国债收益等进行片面类比，使消费者产生的认知误区，误以为保费可随时变现。

3. 理赔（拒赔）所带来的不满情绪

（1）出险不在保障范围内。保险条款是申请理赔的依据，投保时一定要仔细阅读保险条款内容，尤其是保险责任和免责条款等，如出险不在保障范围内，则出险后不予进行理赔；另外，如果出险属于免责条款范畴，则保险公司不予进行理赔，所以，投保时一定要仔细阅读保险条款，明确保障内容、责任免除等方面，不至于后期发生纠纷。

（2）理赔材料准备要求多。出险报案后，提交相关的理赔资料给保险公司审核，通过后才能获得理赔金。所以，如果资料不齐全会拖延理赔的速度，甚至可能无法进行理赔。

（3）业务员未明确说明。赔付相关问题中最突出的就是保险条款内容晦涩、甚至是严苛，其中，以重大疾病险对于既定的定义最为突出。重疾险合同中有80%左右的文字是用来描述合同责任中的疾病定义。大多数的消费者都不是医学出身，这些疾病描述本就拗口、难以理解，业务员未明确说明，之后对投保人造成误解而导致理赔困难。

三、寿险发展现有的资源和成效

2020年9月10日，中国人民保险集团选送的"关爱老人——中国人保黄手环行动"公益活动案例，在2019第三届中国保险品牌影响力评选中被评为2018—2019年度社会责任传播案例。这是人保集团提升社会责任和公众形象的重要成果，寿险公司应在今后加大力度推进此类公益活动，与关爱行动同步伐。可以根据社会发展走势判定，在目前我国人口老龄化持续的背景下，我国寿险行业将面临更为广阔的发展空间。

2016年人民银行等七部门联合印发《关于金融助推脱贫攻坚的实施意见》，其中有大量信息为我寿险公司做好做实"温暖工程"提供了丰富翔实的行动纲要，例如：应指导金融机构严格梳理精准扶贫项目金融服务需求清单，准确掌握投资规模、资金来源、时间进度等信息，以精准支持脱贫攻坚。各金融机构对接扶贫部门建档贫困户，了解贫困户的基本生产、生活信息和金融服务需求信息，建立包括贫困户家庭基本情况、劳动技能、资产构成、生产生活、就业就学状况等情况，从而为金融扶贫需求提供有效供给，并且建立精准扶贫金融服务档案，达到"一户一档"的标准。

四、对保险行业寿险战略规划的反思与建议

不仅金融央企在精准对接特色产业金融服务需求方面责无旁贷，整个行业都必需带动贫困人口脱贫致富，这不仅是企业的社会责任，也是企业自身做大蛋糕的重要机遇。各金融机构要立足贫困地区资源禀赋、产业特色，积极支持能吸收贫困人口就业、带动贫困人口增收的绿色生态种养业、经济林产业、林下经济、森林草原旅游、农村电商等特色产业发展。有效对接特色农业基地、现代农业示范区、农业产业园区的金融需求，积极开展金融产品和服务方式创新，满足这些市场需求，是保险业拓展、升级经营结构的重要突破口，也是寿险公司开展"温暖工程"的重要理论依据和思想动力。

寿险行业在全球人口结构和经济社会结构的发展转型将会逐渐显现其社会功用，以美国为例，近年来美国寿险市场的分入保费和分出保费显现出的趋势是在不断增加。由于数据有限，根据南开大学李新平的早期统计，2007—2011年，美国寿险市场的分入保费从687.73亿美元增长到838.79亿美元，分入保费占比从9.42%波动增至11.30%；此外，寿险市场的分出保费无论是数量抑或比重也都在持续提高，其中分出保费数额从2007年的1186亿美元增长到2011年的1389亿美元。

我国现有金融体系脱胎于一元化的中国人民银行体系，逐渐演变成以央行主导的四大国有银行为主体，其他金融机构为补充的金融体系。虽后续组建了股份制商业银行、信托公司、保险公司、证券公司等，但大中型银行为主的体系没有发生根本变化。金融体系具有排小性，层级控制理论认为，银行规模变大、组织结构更复杂时，往往存在"组织规模不经济"，并因此会减少对小企业的贷款。而小型银行由于管理层级比较单一，在对中小企业融资上更有优势。小型金融机构，包括小型银行和小型保险公司更易于为客户提供优质服务。但我国长期以来小型保险公司尤其寿险公司如同小型银行一样数量少，居于弱势。民营保险应该

学习民营银行,有效、有针对性地为中小企业提供优质的融资服务,提供"温暖"的保险服务。

参考文献

[1] 中国银行股份有限公司. 2020 年股份有限公司社会责任报告 [R/OL]. (2021 - 03 - 30). https://www.boc.cn/investor/ir5/202103/t20210330_ 19212219.html.

[2] 程静. 阳光人寿"客户脱媒"互联网战略研究 [D]. 北京:对外经贸大学,2017.

[3] 阳光人寿保险内蒙古分公司在行动 [J]. 北方金融,2020 (2):6.

[4] 杜朝运,王蕊娟. 人口老龄化对寿险需求影响的实证分析 [J]. 吉林金融研究,2020 (5):44 - 49.

[5] 公益时报. 中国人民保险集团 2018 企业社会责任报告发布会在京举行 [EB/OL]. (2019 - 04 - 24). http://www.gongyishibao.com/html/gongyizixun/16413.html.

[6] 国家信息中心:创新金融体系体制机制 满足中小企业融资需求 [EB/OL]. (2018 - 03 - 29). http://www.sic.gov.cn/News/455/8929.htm.

[7] 李新平. 美国再保险的发展和监管政策及其对我国的启示 [J]. 对外经贸实务,2015 (3):54 - 56.

跨境人民币结算对桂越贸易的影响*

——基于贸易引力模型的研究

莫理宁

(广西财经学院 金融与保险学院，广西 南宁 530003)

摘　要：广西与越南接壤，边界可能成为双边交易的屏障也可能是中介，广西2010年实施的跨境贸易人民币结算政策也可能通过风险、成本和效率对跨境贸易产生影响。本文基于扩展的贸易引力模型，以2003—2019年广西和东盟国家的经济面板数据，以及广西与越南间的跨境贸易双边数据为检验对象，分析了陆地接壤和人民币结算政策的实施对广西与越南跨境贸易的影响。研究结果表明：陆地接壤对广西与越南的跨境贸易起到积极的中介示范作用，广西跨境贸易人民币结算政策的实施对与东盟国家的贸易流有正向影响，该影响在对越南的双边跨境贸易中尤为显著。

关键词：广西　越南　跨境贸易人民币结算　引力模型

[中图分类号] F72　　[文献标志码] A　　[文章编号] (2021) 01 - 0135 - 11

一、问题的提出

截止到2020年，广西有国家级一、二类口岸25个，其中边境口岸12个，口岸数量居全国前三。广西与越南（以下简称"桂越"）海陆相连，作为沿海沿边开放地区，具有得天独厚的地理条件。中越两国陆地边界线广西段长636公里，海岸线长1595公里，越南是广西外贸最大的市场，进出口贸易额约占广西与东盟贸易额的80%。2010年，广西加入我国跨境贸易人民币结算试点省份，此后跨境贸易人民币结算量持续稳居沿边省份首位。同时，也成为我国边贸结算

---

* [基金项目] 广西财经学院博士科研启动经费项目 (BS2021005)。
　[作者简介] 莫理宁，女，博士，广西财经学院副教授，研究方向：国际贸易与结算。

改革的深水区，通过降低跨境交易成本和汇率风险，提高跨境金融服务水平和结算效率，在助力人民币国际化进程中发挥了先行示范作用。在随后相继通过的《云南省广西壮族自治区建设沿边金融综合改革试验区总体方案》《广西壮族自治区建设面向东盟的金融开放门户总体方案》《中国（广西）自由贸易区总体实施方案》等系列政策加持下，广西金融生态环境持续优化，通道价值门户地位不断提升，正形成西南中南西北出海口、面向东盟的国际陆海贸易新通道和21世纪"一带一路"有机衔接的重要门户。

广西作为边境地区，经济发展的主要任务是富民兴边，从而实现固边强边。在当前多项开放战略叠加的机遇面前，广西应切实提升沿边开放水平，致力于将边境屏障转化为双边经贸往来的窗口，夯实广西通道价值和门户地位。那么，在历史任务和时代机遇面前，桂越边界是否发挥了积极的中介示范效应？金融在资源配置中处于核心地位，是地区经贸发展以及核心竞争力提升的主要推力。2010年广西实施的跨境贸易人民币结算至今，政策是否在增强跨境贸易活力和推动人民币国际化进程中发挥了积极影响？

贸易引力模型是当前国际贸易流量实证分析中主要的经验工具。Tinbergen（1962）最早将标准引力定律引入贸易领域，认为两国的双边贸易流量与它们各自的经济规模成正比，与它们的地理距离成反比。McCallum（1995）在引力模型中加入边界效应变量，测算出加拿大各省间贸易量是对美国各州贸易量的22倍，认为边界造成了市场分割，由此打开了贸易引力模型的研究思路。在此基础上，后续研究加入更多扩展变量来检验对双边贸易流的影响，使得贸易引力模型在分析区域经济一体化、贸易潜力等方向得到广泛应用。

本研究基于扩展的贸易引力模型，探究在广西和东盟的跨境贸易中，桂越跨境贸易对广西跨境人民币结算政策的影响。有别于已有成果的研究层面和关注点，本文聚焦贸易引力模型在广西省际层面的应用，并引入2010年后跨境贸易人民币结算政策实施的影响，最终为广西贸易通道价值和金融开放门户地位的提升找到有效路径。

二、文献回顾

McCallum（1995）在引力模型中加入边界效应变量以测算加拿大和美国间的市场分割程度，在此基础上，后续研究加入如边界相邻、基础设施、制度距离、文化距离、贸易便利化、"一带一路"倡议等扩展变量以研究两地贸易流的影响因素。

目前，引力模型的经验研究更多应用于国际层面。何敏等（2015）验证了基础设施互联互通能改善中国与东盟国家的边界效应，但通信、交通和能源的作用依次降低。梁双陆等（2016）发现出口贸易的边界效应远高于进口贸易，基础设施互联互通能够明显降低边界的屏障效应，其中航空基础设施的作用最大。秦炳涛等（2020）用随机前沿引力模型测算中国与RCEP的贸易效率，认为目前贸易效率不高但发展潜力巨大。在省际层面的实证结果看，边界的影响效果在省份层面比国家层面更积极。霍强等（2017）验证了中国与东盟国家的边界效应居于由屏障效应向中介效应转化阶段，但广西和云南与东盟国家的边界都呈现显著中介效应，边界接壤对双边贸易流起积极作用。

在边界经济刚性存在的前提下，实现边界效应的转化的有效方式是构建跨境经济合作区并施行多种尺度重组政策（杨荣海等，2014）。孔庆峰等（2015）对"一带一路"沿线国家的贸易便利化水平进行测算，验证了贸易便利化对"一带一路"沿线国家之间贸易的促进作用大于进出口国家GDP、关税减免等。此外，方英等（2018）发现了中国与"一带一路"沿线国家文化出口的不均衡性，关税、进口清关时间等人为因素构成了对出口效率的重要影响。张振强（2019）的研究支持"一带一路"倡议能促进广西与越南的经贸合作。

跨境贸易人民币结算政策的影响存在争议，需要进一步检验。周颖等（2016）基于三期统计数据的对比方式认为，跨境人民币计价结算对进出口贸易具有积极的效应。屠年松等（2018）的研究支持了人民币跨境结算与云南省外贸增长的长期均衡关系。与上述研究结论不同，周义兴等（2018）在研究中发现，短期内广西与东盟国家跨境人民币结算业务对广西与东盟国家间贸易的影响是正向的，但长期来看却未必如此。

三、广西跨境贸易与人民币结算现状

（一）广西进出口规模稳步增长

随着广西对外经贸往来日益密切，对外进出口贸易额在不断上升。从图1可知，自2010年实施人民币跨境结算以来，除个别年份受到宏观经济环境影响外，广西进出口贸易总额以稳定增速攀升。与云南对比，尽管政策优势和地理位置相似，云南除了越南还与老挝和缅甸接壤，广西的进出口总额始终高于云南，在2013年沿边金融改革启动后更是迅速拉开差距，2019年达到云南的两倍。可见，广西充分抓住人民币跨境结算等政策机遇,打造面向东盟金融开放门户地位,并利用了沿边沿海优势提升了"一带一路"和西南陆海通道价值和战略支点作用。

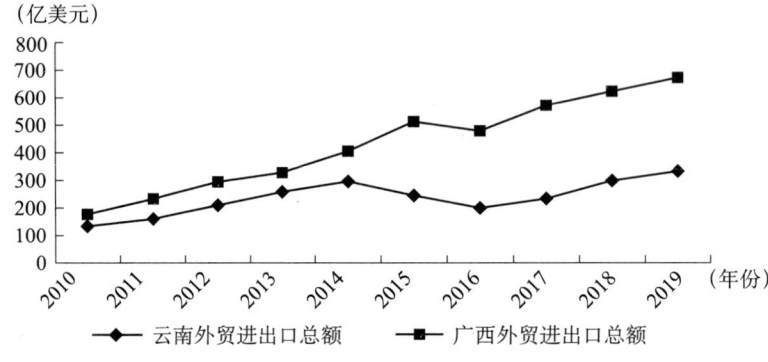

图1 广西和云南外贸规模对比

数据来源:广西统计年鉴、云南统计年鉴。

(二)桂越贸易占对东盟贸易绝对比重

广西作为中国—东盟博览会永久举办地,在面向东盟国家的跨境贸易中承担桥头堡作用。2010—2019年,广西与东盟国家间的贸易增长了5倍,同期桂越间的贸易占对东盟国家贸易比重平均超过80%,见表1。桂越边境线长,边民往来密切,边境小额贸易和互市贸易是广西贸易的主体。2016年,广西启动边民互市贸易"无纸化"和"一指通"通关体系,大大提高了桂越边民互市贸易通关效率和监管成效,当年桂越贸易占比高达86.6%。可见,受其贸易方式影响,高效低成本的跨境结算服务与桂越贸易的结算特点需求相适应。

表1 广西跨境贸易额及桂越贸易占比

年份	越南(亿美元)	东盟国家(亿美元)	越南占比(%)
2010	51.28	62.26	82.37
2011	75.75	95.58	79.25
2012	97.27	120.49	80.73
2013	126.97	159.15	79.78
2014	163.38	198.86	82.16
2015	246.4	290.13	84.93
2016	239.34	276.42	86.59
2017	240.57	280.16	85.87
2018	264.26	311.40	84.86
2019	251.41	314.19	80.02

数据来源:广西统计年鉴。

（三）广西跨境贸易人民币结算额领跑沿边省区

2010 年广西启动人民币跨境结算试点以来，人民币结算额在 12 个西部省区市中位于前列，在 8 个边境省区中稳居第一位。相比较同期启动跨境贸易人民币结算试点的云南，广西的跨境贸易人民币结算额于 2013 年后与云南迅速拉开差距，通过启动个人跨境人民币结算等沿边金融改革创新，其业务发展日臻完善。尽管两地人民币结算业务发展过程都有波动，但从增长速度和发展趋势看，广西呈现更强韧后劲（见表 2）。可见，广西边贸结算通过跨境人民币结算业务创新获得了更积极的正向效应。

表 2　　　　　　　广西与云南跨境贸易人民币结算额　　　　　　单位：亿元

年份	2010	2011	2012	2013	2014	2015	2016	2017	2018	2019
广西	126	397	672	1011	1557	1723	1710	1249	1303	1570
云南	83	253	461	591	775	752	657	561	571	627

数据来源：广西商业厅官网、金融时报等。
注：数据四舍五入。

（四）跨境贸易人民币结算业务创新发展

2010 年广西获批跨境人民币贸易结算试点后，2013 年又启动了个人跨境结算业务，2014 年搭建了中国（广西东兴试验区）东盟货币服务平台，2017 年完成首笔人民币与越南盾现钞跨境调运，2019 年首创推出人民币对越南盾、柬埔寨瑞尔银行间市场区域交易，2020 年个人本外币兑换特许业务突破了客户范围、业务范围和兑换限额……各具特色的个人跨境结算产品、针对性货币清算和融通平台、高效的东盟国家现钞清算通道、灵活的汇率定价机制以及开放的本外币特许兑换等业务为桂越边贸注入了新的活力，也打造了助力人民币国际化的示范样本。

四、桂越边界效应及影响分析和检验

（一）桂越边界效应及影响分析

1. 桂越边界在广西对外贸易中起中介作用

基于贸易引力相关理论，两地贸易流受到双方经济规模大小和空间距离的影响，而边界接壤除了缩小贸易双方空间距离从而降低物流成本，还在地理位置上为双方经济合作提供了示范窗口，成为双方交流的中介，从而缩小制度距离和文化距离，有利于经济一体化。

桂越山水相连，边民往来密切，边境地区作为对外开放窗口，承载了边境贸易通道和金融开放门户的意义。在一系列机遇叠加下，广西加大了沿边开放的合作力度，与越南的边境成为对外合作交流的示范区。据此，本文假设，桂越边界相邻在广西对外贸易中发挥了中介作用。

2. 跨境贸易人民币结算政策正向影响桂越贸易

基于汇率风险和交易成本理论，跨境贸易人民币结算为我国进出口企业提供了直接结算的手段，从而能够规避使用第三国货币间接兑换的汇率风险，并减少对外汇收支进行套期保值的成本支出，进而有利于双方贸易的增长。

随着人民币币值的增值和国际化水平的提高，贸易伙伴使用人民币的意愿也在提高。广西跨境贸易人民币结算规模和效率发展后劲十足，汇率风险的降低以及交易效率的改善有利于提高该货币在国际贸易中的接受度。据此，本文假设，广西跨境贸易人民币结算政策实施对桂越贸易有正向影响。

（二）桂越边界效应及影响检验

1. 数据来源

本文实证分析使用了广西与东盟十国（印度尼西亚、马来西亚、菲律宾、泰国、新加坡、文莱、老挝、缅甸、柬埔寨和越南）2003—2019年的经济面板数据，以检验桂越边界接壤在广西与东盟贸易中的效应，以及2010年跨境贸易人民币结算政策实施对广西与东盟国家特别是桂越双边贸易的影响。

模型中使用的数据主要来源于《广西统计年鉴》、世界银行官网和谷歌地图。其中，广西与东盟各国进出口贸易额以及广西GDP都来源于《广西统计年鉴》，东盟各国的GDP来自世界银行，广西省会与东盟各国首都的地理距离数据来自谷歌地图。相关数据都按照当年人民币兑美元平均汇率换算成美元。为淡化数据单位的取值区间影响，对生产总值、贸易流量、地理距离作对数处理。

2. 变量界定

本文检验用到的各变量界定如表3所示，其中回归系数符号预期为：经济规模越大，其进出口潜力和需求越大，该变量的系数应该为正；双方距离增大，会增加双方的物流成本，阻碍贸易的发生，该变量的系数应该为负；桂越陆地接壤促进贸易双方空间接触和交流，变量符号为正；跨境贸易人民币结算政策的实施提高结算效率、降低兑换成本、规避汇率风险，变量符号预期为正。

表3　　　　　　　　　　　各解释变量及预期符号

解释变量	概念	界定	预期符号
$GDP_i * GDP_j$	经济规模	广西与东盟各国的GDP之积	正
D	地理距离	广西省会到东盟各国首都的距离	负
U	是否接壤	虚拟变量，接壤取1，不接壤取0	正
R	是否实施跨境人民币结算政策	虚拟变量，2010年广西实施跨境贸易人民币结算政策后取1，其余年份取0	正

3. 模型构建

（1）传统的贸易引力模型。最早的传统的贸易引力模型是非线性公式，后续研究通常做对数处理转换成线性公式，见式（1）：

$$\ln(T_{ij,t}) = \alpha + \beta_1 \ln(GDP_{i,t} * GDP_{j,t}) + \beta_2 \ln(D_{ij,t}) + \varepsilon_{ij,t} \quad (1)$$

式中，$T_{ij,t}$ 表示 i 和 j 两地间第 t 年的进出口贸易流量，GDP表示经济总量，D 表示地理距离，ε 表示方程残差。

（2）桂越接壤的影响检验。首先，本研究在传统贸易引力模型加入是否接壤的虚拟变量 U，通过广西与东盟各国2003—2019年的面板数据检验其对广西跨境贸易的影响，见式（2）：

$$\ln(T_{ij,t}) = \alpha + \beta_1 \ln(GDP_{i,t} * GDP_{j,t}) + \beta_2 \ln(D_{ij,t}) + \beta_3 U + \varepsilon_{ij,t} \quad (2)$$

（3）广西实施跨境贸易人民币结算的影响检验。其后，本研究在传统贸易引力模型中加入是否实施人民币跨境结算政策的虚拟变量 R，用2003—2019年广西与东盟各国的面板数据来检验2010年广西跨境贸易人民币结算政策实施后对跨境贸易的影响，见式（3）：

$$\ln(T_{ij,t}) = \alpha + \beta_1 \ln(GDP_{i,t} * GDP_{j,t}) + \beta_2 \ln(D_{ij,t}) + \beta_3 R + \varepsilon_{ij,t} \quad (3)$$

（4）广西实施跨境贸易人民币结算的桂越双边数据检验。同时，由于广西对东盟跨境贸易中的绝对比重来自相邻国越南，而对越南贸易又以边境小额贸易和边民互市贸易为主，受跨境贸易结算业务创新和服务效率影响较大，本文再聚焦桂越贸易，用2003—2019年的时间序列数据单独检验跨境贸易人民币结算政策的影响。由于越南与广西接壤，因此，在本模型检验中忽略两者之间的地理距离变量 D，见式（4）：

$$\ln(T_t) = \alpha + \beta_1 \ln(GDP_{i,t} * GDP_{j,t}) + \beta_2 R + \varepsilon_t \quad (4)$$

4. 实证检验

本文运用Eviews10.0软件对数据进行回归检验，结果如表4所示。

表4　　　　　　　　　　　模型回归结果

变量	模型（2）	模型（3）	模型（4）
$\beta_1 \ln(GDP_i * GDP_j)$	1.3315*** （15.2760）	1.3427*** （15.6105）	1.3189*** （15.2521）

续表

变量	模型（2）	模型（3）	模型（4）
Ln（D）	-2.0364*** （-9.3437）	-1.6769*** （-5.6936）	
U	0.8893* （1.6886）	0.8458** （2.3955）	
R		0.4054* （1.7813）	0.9132** （3.7792）

注：表中数值为回归系数，括号内是对应的 t 值，***、**、* 分别表示 P 在1%、5%、10%水平的显著性。

由模型（2）回归结果可知，经济规模变量 $\ln(GDP_i * GDP_j)$ 回归系数显著为正，说明广西与东盟贸易伙伴国两地区经济总量越大则两地区贸易量越大；地理距离变量 Ln（D）回归系数显著为负，说明广西与东盟贸易伙伴国两地区地理距离越远则两地区贸易量越小；接壤变量 U 的系数显著为正，说明桂越陆地接壤在双边贸易中发挥了中介示范作用，促进桂越双边的经贸合作。

由模型（3）回归结果可知，经济规模变量 $\ln(GDP_i * GDP_j)$、地理距离变量 Ln（D）和接壤变量 U 的回归系数符号依然符合预期，加入的政策变量 R 系数在10%水平上显著为正，说明跨境贸易人民币结算实施对广西与东盟国家的贸易流总体有正面影响。

由模型（4）回归结果可知，经济规模变量 $\ln(GDP_i * GDP_j)$ 回归系数依然显著为正，说明桂越的经济规模是两地区之间贸易引力的长期促进因素。政策变量 R 的系数在5%水平上显著为正，说明人民币跨境结算政策实施在桂越两地区效应更为明显。

综上所述，运用2003—2019年广西与东盟国家的面板数据以及桂越的双边数据进行的回归检验证明，通过扩展的贸易引力模型提出的假设检验符合预期且显著。

五、结论

（一）桂越边境接壤发挥了贸易中介效应

由于具有边界接壤的地理条件，桂越双边贸易较非接壤的东盟国家陆运成本更低，边境地区的交流与合作促进边界两边要素和产品流动的内在需求，强化双方贸易的互补性，从而促进跨境贸易的发生，此时边界作为连接线和接触面会表现出积极的中介效应。桂越边界地区的跨境经济合作区、边境自由贸易区、沿边金融改革试验区等合作区的建立为桂越的跨境合作打开了良好的示范窗口，技术、资本和人力资源的集聚推动双方边境地区的市场发展，边境小额贸易关税的减免政策促进了双方的商品交换与合作，并有利于人民币在沿边国家和地区流通，这些都是边界作为桂越的中介面所带来的示范效应。

（二）人民币结算业务有利于广西跨境贸易

跨境贸易人民币结算政策的实施强化了广西面向东盟国家金融开放的门户地位，其对东盟跨境贸易的影响总体上是正面的。近年来，广西金融产值增速超越生产总值，东盟国家包括香港在内的57家金融机构新增入驻，针对东盟市场金融开放推出131项改革措施，说明了广西建设面向东盟的金融开放门户有序推进。2019年，广西跨境贸易人民币结算额同比增长20%，进出口总额增长14.4%，高于全国11个百分点。可见，作为沿边地区跨境贸易人民币结算业务规模居首的沿边金融改革先行区，广西在跨境贸易中为企业提供了规避风险、降低成本的途径，快捷便利的结算、清算及其他金融服务推动了面向东盟的跨境贸易增长。

（三）人民币结算政策对桂越边贸影响显著

受到特有的地理条件、贸易方式、结算方式和金融创新等影响，跨境贸易人民币结算政策对桂越双边贸易的效应尤为突出。桂越边境线绵长，边民往来密切，贸易方式主要为小额贸易和互市贸易，小额高频的贸易方式对结算成本和效率提出了更高要求。东盟国家货币大多是国际非主流结算币种，"地摊银行"结算在边境地区具有历史延续性并扰乱市场秩序，对跨境结算业务提出了规范性和权威性的要求。广西实施跨境贸易人民币结算以来，推出了个人跨境贸易结算业务，扩大本外币特许兑换业务限制，实现人民币和越南盾现钞直接调运，并建立了银行抱团定价机制，并致力于结算支付电子化等，人民币结算业务创新为桂越边贸打开了便利高效和权威规范的结算通道。

六、建议

（一）加强广西全方位跨境联通

将边界由屏障转化为中介是边界效应研究的核心问题，全方位加强跨境互联互通是实现效应转化的有效路径。一是应加强跨境基础设施的联通，可以边境节点城市为链接建立通信、能源和交通网络联通,以突破地缘经济落后的不利限制。二是拉近文化制度等非空间距离,在跨境贸易集中区举办经常性官方交流活动和为民间社团往来提供便利,建立多功能的跨境园区合作模式,升级"两国双园"等跨境合作平台。三是通过强首府战略提高产业集聚和协同,形成上下游对接和产业内横向联系的纽带和辐射,构建面向东盟的跨境产业链,并建立"南向、北联、东融、西合"的周边城市群区域联动。

(二)促进双向投资和内外贸易相结合

人民币跨境结算业务的持续发展需要相对发达的金融市场和金融体系作为依托。伴随着区域金融中心的发展,广西金融产业规模和金融机构数量快速增长,但是跨境结算产品和服务相对单一,外汇保值、增值等投资类的金融服务相对滞后,需要畅通国内国外双循环,推动资本有效流动。一是要促进"走出去"和"引进来"相结合,深化国际产能合作,建设境外经贸合作园区,推动开放型平台外资集聚,建立全生命周期外商服务新模式。二是推动国内贸易和对外贸易一体化,推动口岸通关便利化,围绕西部陆海新通道推进西部省区市经济一体化。

(三)提高与东盟的贸易深度和广度

广西与东盟贸易的产品结构大多仍处于国际产业分工的下游,出口产品的竞争力和议价能力不高。向东盟国家出口的商品大多是服装、机电产品等同质性高、附加值低、可替代性强的产品,进口商品以橡胶等资源型和初级原料型产品为主。因此,广西与东盟贸易的层次需要提升。一是从宏观上实施工业强桂,广西应加快构建现代工业产业体系,培育先进装备制造和绿色新材料重点产业,推进新兴产业,壮大特色轻工业。二是从微观上立足科技强桂,广西应强化企业科技创新,突出产品的差异化和品牌化,聚焦平台、人才和高质量创新成果转化。

参考文献

[1] Tinbergen, J. Shaping the World Economy, an Analysis of World Trade Flows [M]. New York: Twentieth Century Fund, 1962.

[2] McCallum, J. National Borders Matter Canada-U. S. Regional Trade Patterns [J]. American Economic Review, 1995 (85): 615 – 623.

[3] 霍强,蒋冠. 中国—东盟自贸区框架下的沿边开发开放与边界效应演化——基于全国和广西、云南的数据分析 [J]. 广西社会科学, 2017 (8): 43 – 46.

[4] 何敏, 郭宏宇, 竺彩华. 基础设施互联互通对中国东盟贸易的影响——基于引力模型和边界效应模型的研究 [J]. 国际经济合作, 2015 (9): 56-63.

[5] 王如玉, 肖海峰. 制度距离与中国农产品出口效率——基于"一带一路"沿线亚洲国家的实证研究 [J]. 中国农业大学学报, 2021, 26 (1): 176-184.

[6] 方英, 马芮. 中国与"一带一路"沿线国家文化贸易潜力及影响因素: 基于随机前沿引力模型的实证研究 [J]. 世界经济研究, 2018 (1): 112-121, 136.

[7] 孔庆峰, 董虹蔚. "一带一路"国家的贸易便利化水平测算与贸易潜力研究 [J]. 国际贸易问题, 2015 (12): 158-168.

[8] 张振强. "一带一路"倡议对桂越经贸合作影响分析及对策——基于引力模型的实证分析 [J]. 对外经贸, 2019 (4): 20-22, 27.

[9] 梁双陆, 张梅. 基础设施互联互通对我国与周边国家贸易边界效应的影响 [J]. 亚太经济, 2016 (1): 101-106.

[10] 秦炳涛, 王唯一, 刘蕾, 等. 中国—RCEP国家贸易研究——基于随机前沿引力模型的贸易效率与潜力 [J]. 广西财经学院学报, 2020, 33 (6): 1-17.

[11] 杨荣海, 李亚波. 边界效应会制约中国跨境经济合作区建设吗——以中越、中老和中缅的数据为例 [J]. 国际经贸探索, 2014, 30 (3): 73-84.

[12] 周颖, 王姣. 跨境贸易人民币结算的国际贸易竞争力效应 [J]. 首都经济贸易大学学报, 2016, 18 (2): 19-26.

[13] 屠年松, 方玉. 跨境贸易人民币结算对云南外贸影响研究 [J]. 未来与发展, 2018, 42 (7): 60-65.

[14] 周义兴, 黄芳蕊, 蒋冬媛, 等. "一带一路"倡议下跨境人民币结算对广西—东盟贸易的影响研究 [J]. 区域金融研究, 2018 (11): 53-60.

财政税收

基于米歇模型的中国企业跨国并购税务风险研究*
——以广垦橡胶集团并购泰华树胶公司为例

池昭梅　周柳言　吴语伦

（广西财经学院　国际教育学院，广西　南宁　530007；
广西财经学院　国际教育学院，广西　南宁　530007；
西交利物浦大学　国际商学院，江苏　苏州　215123）

摘　要： 我国企业对外投资并购活动增长快速，并购中的税务风险引人关注。根据现有研究分析，国家的税收体系对并购活动的税务风险存在影响，但对税务风险的成因与类型缺少系统地归纳与分析。本文基于米歇模型，将并购活动分为三个阶段，以广垦橡胶集团并购泰国泰华树胶公司为例，分阶段研究分析并购目标国的税收体系对我国企业跨国并购税务风险的成因与类型，进而得到税收体系确实影响税务风险的结论。同时，对我国"走出去"的企业提出建议：在起步阶段了解并购目标国的税收制度，做好调查工作，并购时选择合适的并购方式，并购完成后继续关注后续税务处理，以降低并购时所面临的税务风险。

关键词： 海外并购　税务风险　米歇模型

[中图分类号] F810.42　　[文献标志码] A　　[文章编号]（2021）01-0146-14

---

* [基金项目] 2018年国家社科基金项目"'一带一路'沿线国家会计基础设施建设对中国企业海外并购影响研究"（18BJY015）。

[作者简介] 池昭梅，女，广西财经学院国际教育学院，教授，博士，研究方向：企业并购；周柳言，女，广西财经学院会计与审计学院，硕士研究生；吴语伦，男，西交利物浦大学国际商学院，本科生。

一、引言

我国"一带一路"倡议的发出引起了我国企业对海外企业投资活动的迅速增长。但由于国家与国家之间的环境、制度、文化等各不相同,所以跨境并购承受着许多风险。而且,我国企业的跨国并购活动还处于初级阶段。因此,国与国之间存在的文化、政治、法律、经济环境等多方面的差异会给企业的跨国并购活动带来许多挑战,并且会影响跨国并购活动的完成情况。税收基本贯穿并购的整个过程:首先是对并购意向的影响,李彬(2015)提到税收政策在公司并购的诱导现象确实存在。税收政策会对企业选择并购对象存在影响。其次,在筹划并购时,彭新媛(2018)通过分析"一带一路"倡议提出后"走出去"的企业,发现由于复杂的国际税收环境,受资国的税收法规、税收优惠以及税收风险开始得到重视。最后,在并购交易完成后,王文静(2017)提到企业要充分重视东道国的税收政策状况,关注税务动态才能对目标公司进行有效整合,达到并购目的。由此可知,跨国并购的税务问题以及跨国并购税务风险尤为鲜明。并购的目标国家的税收体系对于并购活动的影响不可忽视,其中存在的各种风险更是跨国并购的重要影响因素。

并购活动的进行是信息整合及发展的过程,且对于并购这一个庞杂的工程来说,分阶段地分析更有利于并购税务风险的系统归纳,进而有利于税务风险的识别与规避。因此,本文基于米歇模型将跨国并购活动分为三个阶段,分别是并购起步阶段、并购成熟阶段和整合更新阶段。本文以广垦橡胶集团并购泰国泰华树胶公司为例,将其并购过程分三个阶段,识别在各个阶段中由于税收体系的不同而导致的潜在税务风险,进而研究分析不同的税收体系对于我国企业海外并购税务风险的影响。

二、文献综述

跨国并购是指一国企业为了经营发展或更好获利等目的,与另一个国家的企业达成协议,并支付一定的代价来实现对该公司的控制。这样的并购活动跨越两个国家,必然就会受到国与国之间的差异所带来的影响,从而形成了跨国并购风险。由于税收普遍都有强制性、无偿性和固定性的特性,税收风险是影响跨国并购的重要因素之一。

（一）跨国并购税务风险的形成

叶红（2015）提出我国的大公司在国外的收购业务中都会存在财税风险，若要解决财税风险就需要了解跨国并购税务风险的形成原因。Hebous et al.（2010）通过对比绿地投资与并购投资的税收敏感性得出国际税率差异对企业进行海外并购的目标国有所影响。Ianca（2008）认为，并购目标公司资产或股份的决定一方面应考虑交易时的资本利得税，另一方面应考虑未来的税务筹划机会。税收负担也可以通过对并购方式的最佳选择而最小化。对于跨国并购税务风险的形成，王一舒（2013）将影响跨国并购税务风险的因素分为宏观因素和微观因素；其中政治法律、经济、社会文化及技术为宏观因素；并购公司税收筹划、会计与税法、并购经营模式、目标公司或有纳税义务、并购企业的财务风险及并购企业税务风险管理为微观因素。李松（2020）通过对"一带一路"背景下我国跨国并购企业税务风险的研究，提出在并购实施前税务风险的成因是未熟悉税制的差异和对目标公司的税务调查不够，在并购实施阶段税务风险的成因是投资架构设计不当及未能充分利用并购协议条款，在并购实施后税务风险的成因是对于境外的事项和税收争议未能有效管理、防范和应对。《中国总会计师》编辑部（2017）提出，"一带一路"部分国家税种繁多、税制复杂且征管方式也不同，可能在中国没有相对应的税种借以参考以至于在筹划并购时被忽略。除了由于跨境带来的差异，还由于我国对于税务风险的管理还有所缺乏。黄富成等（2011）提出，我国企业缺乏一套全球统一的税务战略计划，缺少一套明晰的税务功能架构以及足够的风险控制管理和有效率的税务流程，以及我国企业的专职税务人员不足都是税务风险形成的原因。

（二）跨国并购税务风险的表现形式

跨国并购税务风险是由于多种原因形成的，因此税务风险会有不同的表现形式。John（2003）认为，税务风险因其形成的原因而异，外部风险的形成是企业无法控制的，但内部税务风险则可以通过企业的税务风险管理进行控制。Burton（2012）认为业务收购中涉及的税收考虑因交易形式和所涉及实体的类型而异。刘爱军（2018）通过对农业企业跨国并购的税务调查提出跨国并购要注意获得税收优惠的合规性风险、目标公司潜在的税务风险、关联交易中的转让定价风险、合并纳税集团解散的税务风险、累计税务亏损无法沿用的风险以及税收合规申报及争议的风险。李松（2020）提出跨境并购企业境外税务风险有税制管辖权重叠风险、组织架构风险、滥用税收协定待遇风险和税收争议风险。张威威（2020）在研究并购重组时提出，并购的所得税风险有三种，分别是并购亏损企业的税务风险、被并购企业未尽偿债义务缴纳税款义务的税务风险及因备案不及时丧失税收优惠政策的税务风险。

综上所述，对于并购中的税务风险已经引起了诸多关注，现有研究多从并购税务风险的成因进行分析，也有根据并购过程对并购风险进行分析。然而，并购税务风险的形成受到从企业内部的风险管理及国家相关政策的影响，其成因是复杂难辨的。并购税务风险的类型也是较为繁杂。本文基于并购活动中并购双方实现集团整体战略、资源、技术、财务等多方面信息整合的特点，采用衡量信息化发展阶段的经典理论——米歇模型对并购过程划分阶段，并分析每个阶段中对并购税务风险影响最大的因素，以此对税务风险进行系统地分类。米歇模型是诺兰模型的再解释版本，诺兰模型指出信息系统大体要经历初始、蔓延、控制、集成、数据管理和成熟这样的发展阶段。米歇模型补充说明在各个发展阶段中集成与数据管理是一体的，都是以数据集成为核心的数据管理（龙跃奇，2006）。面对成因复杂、种类繁多的税务风险，系统地归纳其成因与种类，有利于我国企业在海外并购中更好地识别和规避并购中的税务风险。

三、相关理论及分析框架

（一）理论背景

2018年中国成为泰国第一大进口来源地，是泰国的首要贸易伙伴。2020年1月，泰国投资促进委员会（BOI）报道了2019年的投资情况，在国际直接投资（FDI）总额上，中国投资最多，投资额达2600亿泰铢。因此，中国企业在泰国并购所面临的税务风险值得关注。

根据《对外投资合作国别（地区）指南 泰国》可知，泰国关于税收的根本法律是1938年颁布的《税法典》。在泰国，直接税有3种，分别为个人所得税、企业所得税和石油天然气企业所得税。间接税和其他税种有：特别营业税、增值税、预扣所得税、印花税、关税、社会保险税、消费税、房地产税等。其中，申报所得税的方法是自评估，对于纳税人故意漏税或者伪造虚假信息逃税等违反税法的行为有严厉且完善的处理办法。泰国公司一般按净利润的20%缴纳企业所得税，但某些类型的公司有权享受税率下调。实收资本低于500万泰铢的小型企业净利润的税率为20%，净利润在30万—100万泰铢的税率为15%，净利润小于30万泰铢的免税。此外，泰国投资促进委员会提供给投资者两种优惠政策，一种是税收政策，另一种是非税收政策。其中税收政策主要包括减免企业所得税、减免机器进口税、减免必需的原材料进口税、最高可免8年企业所得税，再加5年税收减半，公共设施建设费按照双倍为成本，免除基建成本限制项等。

随着中泰经贸往来越来越紧密，我国与泰国在2003年签订了《中国—东盟全面经济合作框架协议》。到2012年，我国与泰国已经实现大部分农产品零关税。在企业所得税方面，我国与泰国签订了中泰税收协定。为了避免重复征税，中泰两国还制定了相关的税收抵免政策。

（二）米歇模型及分析框架

本文基于米歇模型的理论，对并购活动中存在的税务风险进行分析。米歇模型是衡量信息化发展阶段的经典理论。米歇模型提出信息化的发展阶段是由起步、成长、成熟和更新四个阶段组成。而并购活动就是主并购方通过控制权或者产权来实现企业规模扩大、战略及财务整合，达到集团公司总体战略、财务、信息统一，获取规模经济效益的目的（嵇凤珠等，2020）。并购活动从准备到完成的过程也遵循着信息化发展阶段。因此，本文结合米歇模型将跨国并购活动划分为并购起步阶段、并购成熟阶段及整合更新三个阶段对税务风险进行分析。基于跨国并购活动的三个阶段，本文将针对目标国税法体系在这三个阶段中对并购的影响作用来分析其带来的税务风险。研究框架如图1所示。

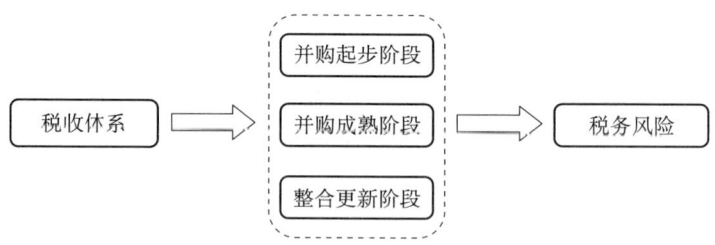

图1 米歇模型并购三阶段分析框架图

（三）基于米歇模型的并购三阶段税务风险分析

1. 跨国并购起步阶段

在米歇模型中，前两个阶段即起步与成长阶段，是指对信息的处理从简单处理到使用信息技术将单一信息系统化处理的发展阶段。企业在实施跨国并购前，先会对并购目标企业进行简单信息筛选，在确定目标企业后对目标企业进行整体及其所在环境的系统化信息进行处理。本文将这两个阶段归纳为一个发展阶段，结合跨国并购活动特点作为跨国并购的起步阶段。并购的起步阶段包括选择并购对象以及在表明并购意向之后并购双方进行调查研究的过程。其中存在以下风险：

（1）税收差异风险。由于世界各个国家的经济发展各不相同，其中的税法制度自然也存在着许多差异。国家与国家之间通常都存在着税制结构、税收权限、税负和税收管理机构的差异等，这些均有可能引起税务风险。不同的税收体系和税收流程都有可能增加我国企业的税务成本，从而增加了企业所面临的税务差异风险。

（2）历史性税务风险。历史性税务风险是指在被并购企业还未被并购时就存在的税务风险，例如被并购企业未履行缴纳税款义务或偿债义务所带来的风险。被并购企业未履行的义务在并购完成后，极有可能会由并购企业全部承担。若被并购企业是亏损企业，则在并购之后很可能在税前不能抵扣亏损。

2. 跨国并购成熟阶段

在米歇模型中的成熟阶段是指各方面信息的处理已经全面集成，且实现了数据集中管理和数据共享的发展阶段。在跨国并购中企业做好信息整合之后就会对目标企业发出并购意向书，并对目标进行法律、财务等调查。此时的跨国并购活动已经进入了成熟阶段。

这个阶段的主并购企业应当考虑在什么时间、选择什么并购方式来对被并购企业进行并购。当被并购企业所在国的税负较高，并购企业通常会选择先在税负较低的国家设立控股子公司，再通过控股子公司对被并购企业进行并购，从而减轻税负，降低税务成本。但随着近年来 BEPS 行动计划的推进，国际对于税基侵蚀和利润转移都有相对应的举措，利用控股子公司进行避税可能会带来的税务风险，本文将其归为股权架构风险。

3. 并购完成后整合更新阶段

米歇模型最后一个阶段是更新阶段，是指信息已经实现了共享的阶段。跨国并购在成熟阶段之后也进入了更新阶段，主并购方与目标企业签署了并购协议之后，双方企业就要进行企业信息的整合，实现集团内部的信息共享。

在并购完成之后，并购双方企业需要整合与更新两家企业的战略、资源、技术、财务等多方面信息。在此期间，企业需要熟悉被并购企业所在国的税法体系，所在行业的税收优惠以及关于转让定价的条款，以避免由于不了解而导致错误的税务处理及错失税收优惠。如果跨国并购所涉及的两个国家各自采取税收管辖权，就可能对并购完成后的企业的同一项经营业务重复征税（李松，2020）。因此，跨国并购企业在后续的经营中会存在双重征税的风险，这可能会增加企业的经营成本。若是对被并购企业所在国的相关税法条款不甚了解，则会给企业带来不必要的税务风险，本文将其归为后续经营税务风险。

四、案例分析

（一）研究设计

本文采用单一案例研究法来探寻泰国税收体系对于中国企业在泰并购风险的影响，本文的研究对象是广垦橡胶集团并购泰国泰华树胶（大众）有限公司（简称泰华树胶公司）中存在或潜在的税务风险。选择这个案例的原因：一是泰国一直都十分重视外国投资，一直致力于建设投资环境且制定了一系列的优惠政策；二是农业作为第一产业，受各国政府重视，相较其他行业会得到更多的税收优惠，同时也面临着更多的税收风险；三是泰国作为世界上第一大天然橡胶生产大国，广垦橡胶集团实施的横向并购，更有利于我国橡胶产业的发展，还能为我国企业"走出去"提供经验和启示。

本文基于米歇模型，将跨国并购活动过程分为三个阶段，即并购起步阶段、并购成熟阶段与整合更新阶段。通过对于泰国税收体系的分析研究，探索税收体系对于跨国并购活动的各个阶段产生的影响，并以此来研究并购目标国的税收体系对于跨国并购的税务风险的影响。

（二）并购双方企业简介

广垦橡胶集团是广东农垦下属专门从事天然橡胶产业的国有专业化跨国企业集团公司，拥有较为完整的天然橡胶中上游产业体系。早在2004年，广垦橡胶集团就开始在东南亚进行考察，并选择了橡胶产业进行投资发展。到2015年，广垦橡胶集团经过10年的发展已经在东南亚完成了自己的产业布局，并开始进行并购扩张。

泰国泰华树胶（大众）有限公司创立于1978年，为全球第三大天然橡胶生产商和出口商，天然橡胶种植面积达两万多公顷，企业的产品结构平衡。

（三）并购过程

天然橡胶是我国国防和经济发展不可或缺的自然资源，我国是世界上最大的天然橡胶消费国和进口国。然而近年来，我国天然橡胶的自给率在不断下降，以至于我国需求的橡胶对于东南亚国家而言成为战略物资。目前，我国对橡胶进口愈发依赖，即我国天然橡胶的供给可能会受到东南亚国家的限制。加之，为了推进国家"一带一路"的建设实施与广垦橡胶的横向扩张发展，广垦橡胶加快了与东南亚企业合作的步伐。

泰国是广垦橡胶集团的重要合作伙伴，同时也是橡胶出口量最大的国家。在泰国，对于外资进入有许多相关的鼓励政策，其中包括面向中国的招商引资目标行业就有天然橡胶产品。广垦橡胶集团正是要打造我国橡胶支柱产业，让我国天然橡胶做到自给自足。国家政策与企业发展战略的双重加持，便促成了对泰华树胶公司的收购。2015年末，广垦树胶集团高层与泰华树胶公司开始对接，并一同商讨并购合作事宜。随后，双方签订了《股权购买谅解备忘录》，泰华树胶公司给广垦橡胶集团90天的排他期限，以便广垦橡胶集团开展尽职调查。广垦橡胶集团组织了专业团队对整个项目的风险以及泰华树胶公司的财务情况和经营状态等进行了实地的调查。2016年9月21日，广垦橡胶集团持有泰华树胶公司60%的股份，成为泰华树胶公司的控股股东。这次并购，股权投资总额为18亿人民币。通过横向并购泰华树胶公司，广垦橡胶集团的橡胶种植基地面积大幅增加，天然橡胶的产能也得到了大幅提升，广垦橡胶集团也成为全球最大的天然橡胶全产业链经营企业。

（四）并购阶段税务风险分析

1. 并购起步阶段及其存在的税务风险

广垦橡胶集团在海外已经有10多年的投资发展经验，在东南亚有着良好信誉和影响力。然而，泰华树胶公司作为泰国信誉良好的知名企业，是全球第三大天然橡胶生产商和出口商。广东农垦集团负责人表示，并购泰华树胶公司既可以缓解我国对于天然橡胶需求大于供给的局面，亦可以摆脱对东南亚橡胶的过度依赖，在天然橡胶上掌握一定的话语权。因此，广垦橡胶集团选择了泰华树胶。对于并购泰华树胶公司，广垦橡胶集团不仅考虑了战略发展，还考虑了税收这个因素。

在研究案例的并购动因阶段，李彬（2015）通过实证检验了并购中潜在税收收益动机的现实存在。不同的国家有不同的税收体系，与我国的税收协定也不一样。因此，在并购的起步阶段要选择合适的并购对象，首先是了解各个国家的税收情况。表1是东盟各国税收概况以及与中国税收协定的概况。

表1　　　　　　　东盟各国税收以及与中国税收协定概况表

国家	增值税	企业所得税	股息		利息		间接抵免	税收饶让
			国内协定	与中国协定	国内协定	与中国协定		
马来西亚	6%	24%	0	10%	10%	10%	10%	有
印度尼西亚	10%	25%	20%	10%	20%	10%	10%	无
泰国	10%	30%	10%	15% 20%	15%	10%	10%	有
菲律宾	12%	30%	15% 30%	10% 15%	20%	10%	无	无
新加坡	7%	17%	0	5% 10%	15%	7% 10%	10%	无
文莱	无	18.50%	0	5%	15%	10%	无	有
越南	10%	20%	0	10%	5%	10%	10%	10%
老挝	10%	24%	10%	5%	10%	5%	无	无
缅甸	5%	25%	0	未签	15%	未签	未签	未签
柬埔寨	10%	20%	14%	10%	14%	10%	10%	有

资料来源：普华永道税务全球摘要。

由表1可知，东盟各国的总体税率大都低于我国税率，我国与东盟多国还签订有税收协定，会大幅降低我国企业到东盟国家进行跨国并购的税务成本，因此吸引了我国企业的投资活动。

广垦橡胶集团选择对泰华树胶公司进行并购，即进入了并购的起步阶段。在这个阶段，广垦橡胶集团考虑了并购双方所在国的国情需要与政策支持，同时也需要对目标企业以及所在国的相关政策规定进行了解。做好前期的准备工作，才可以有效地降低并购进行时所面临的风险。

（1）税收差异风险。在泰国，从2013年起，企业所得税税率优惠为20%。中小型企业的税率为0、15%和20%三个档次。除了净利润在100万泰铢以上的企业的税率与我国小微企业税率一致外，总体来说，泰国企业所得税税率低于中国（刘卫，2016）。低税率则意味着低的税收成本，加之泰国投资促进委员会有税收政策，减免企业所得税、减免机器进口税等，这是吸引中国企业选择并购泰国企业的重要原因。税收制度的差异可能会带给企业更低的税收成本，但同时也存在由于税收制度的不同带来的风险。

在并购交易之前，并购企业会对被并购企业进行财务状况与税务情况的调查，对标的企业所在国的税收体系也要有所了解。在本案例中，在泰国具有法人资格的公司都须依法纳税，包括有限合伙和注册合伙人。然而在我国，合伙企业是不具有法人地位的，不需要缴纳企业所得税而要征收合伙人所得税。如果广垦橡胶集团在制定并购计划时忽视了两国之前的税法差异，就会导致所指定的计划税务成本不够准确从而可能增加税收风险。广垦橡胶集团提出并购意向之前已经在泰国发展了近10年，熟悉泰国的税收法规，因而税收差异风险相对较小。

（2）历史性税务风险。在广垦橡胶集团提出并购泰华树胶公司意向时，由于天然橡胶市场价格大幅下跌，泰华树胶公司处于企业亏损状态。广垦橡胶集团公司与泰华公司确定了并购意向之后，广垦橡胶集团便聘请了普华永道咨询（深圳）有限公司开展调查，广垦橡胶集团内部也派遣了调查团队对泰华树胶公司进行详细的实地调查。正是因为广垦橡胶集团公司在项目调查阶段准备十分充足，为之后的成功并购交易打下坚实的基础。同时，也对泰华树胶公司是否存在未履行的偿债义务和缴纳税款义务进行了深入的调查，从而降低了广垦橡胶集团面临的历史性税务风险。

2. 并购成熟阶段及其股权架构风险

到2015年，广垦橡胶集团已经在泰国经营了多年，熟悉泰国的经济环境、政治局面，积累了丰富的经验。这时，泰国经济与政治环境都相对平稳，但国际天然橡胶市场动荡，天然橡胶价格急速下跌，导致橡胶企业亏损严重，甚至面临经营困境。因此，泰华树胶公司需要寻求有实力的企业进行合作。出于对并购成本与企业发展的考虑，广垦橡胶集团决定在此时并购泰华树胶公司。与泰华树胶公司签订《股权购买谅解备忘录》后，广垦橡胶集团开始调查了解工作。此时广垦橡胶集团对泰华树胶公司的并购便进入了成熟阶段。进入该阶段后，广垦橡胶集团需要面临以何种方式对泰华树胶公司进行并购风险最低的问题。

泰国国内的股息预提税税率为10%，与泰国签订税收协议的国家（地区）中只有与中国台湾地区协定的预提税税率低于10%，但中国台湾与中国大陆签订的税收协定并未实施，所以中国企业在泰国投资应当选择直接投资（陈艳涛，2019）。广垦橡胶集团选择以现金收购的方式直接并购泰华树胶公司，这便降低了在并购过程中的股权架构风险。

3. 整合更新阶段及其后续经营税务风险

广垦橡胶集团公司通过国家专项农业补助资金的支持，引入金融公司作为合作伙伴，采用分期付款、现金收购的方式直接并购了泰华树胶公司。完成并购之后，广垦橡胶集团就需要注意在泰国后续经营的税务问题。后续经营的税务问题主要有两个：一是行业的税务优惠及鼓励政策；二是双重征税问题。

在泰国，对于外来投资，尤其是案例中的农业及农产品加工业，即橡胶产业，对农户有扶持优惠政策，鼓励农户种植。对于橡胶种植业，泰国政府实行免税政策，对于天然橡胶制造业也有许多鼓励政策。在泰投资天然橡胶的厂商，在机器设备、用于生产出口产品所需的进口原料以及所得税都有税收优惠。这些优惠鼓励政策能够让企业更好地调整规划和并购项目的计划，从而降低相关风险。

关于双重征税，在2003年，我国与泰国颁布了《中华人民共和国政府和泰王国政府关于对所得避免双重征税和防止偷漏税的协定》。协定中的第二十三条就是"双重征税的消除"。其中规定。如果一方所得税应在缔约国双方纳税时，则应按照本条下列各款给予消除双重征税。对于中国企业广垦橡胶集团来说，泰华树胶公司在泰国取得的所得应该缴纳泰国税收，已经缴纳了泰国税的部分在中国税收中可以抵免。中泰颁布的所得避免双重征税协定很大程度上减轻了在泰国进行企业并购的税务风险。

五、研究结论及启示

（一）研究结论

本文基于米歇模型将跨国并购活动过程分为三个阶段，即并购起步阶段、并购成熟阶段与整合更新阶段，并对泰国税务体系的研究进行了分析。通过研究发现，泰国的税收体系会对并购的各个阶段产生不一样的影响，从而形成了不同的税务风险，即并购起步阶段形成的税收差异风险与历史性税务风险、并购成熟阶段形成的股权架构税务风险以及在整合更新阶段形成的后续经营税务风险。通过广垦橡胶集团并购泰华树胶公司案例发现，在并购起步阶段形成的税收差异风险与历史性税务风险主要是由税收优惠所影响；而在并购成熟阶段形成的股权架构风险，主要是受我国与并购目标国的税收协定影响；整合更新阶段形成的后续经营风险，主要是受并购目标国的企业所得税制度与行业税收制度的影响。

泰国的低税负吸引外资投资的税收优惠政策成为中国企业投资并购泰国企业的动因之一，因此中国企业在并购泰国项目起步阶段就面临泰国税收差异的风险和被并购企业的历史性税务风险。到并购成熟阶段，泰国与中国签订的税收协定决定了中国企业最佳投资的方式——直接投资，因此在广垦橡胶集团并购泰华树胶公司这个案例中的股权架构风险是极小的。最后是并购完成后的整合更新阶段，在企业继续经营期间，泰国对于橡胶产业的扶持政策与泰国的税收制度依旧影响着企业的税务风险，整理并购过程框架得到图2。

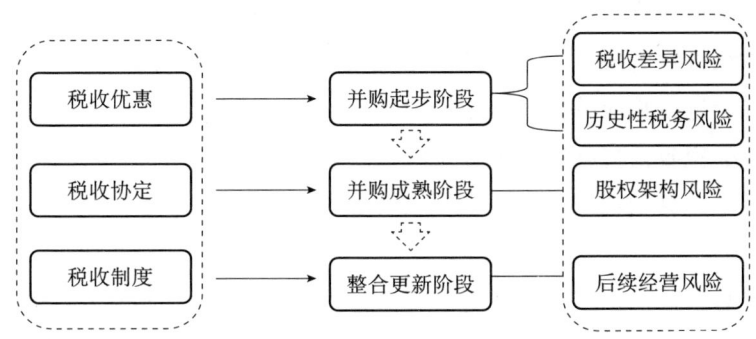

图2 米歇模型并购三阶段税务风险分析框架图

（二）建议

综上所述，税收差异风险、历史性税务风险、股权架构风险及后续经营税务风险确实存在于并购活动的整个阶段，并影响着并购活动的推进。然而，由于泰国对于外来投资的税收政策的健全和广垦橡胶集团在并购前的调查工作专业且深入，从而降低了并购案所面临的税务风险。为了降低并购企业所面临的税务风险，企业应当做好相应的工作。

1. 了解并购目标国的税收制度

在企业并购的起步阶段，针对由于跨国并购存在的税收差异风险，应对并购目标国家的税收制度进行研究，关注并购目标国家的税收政策和近期的政策变动与改革，降低因税收差异产生的风险，并针对可能潜在的税务问题做好应对措施，以方便后续工作的顺利进行。

2. 并购起步阶段做好调查工作

对于被并购公司可能存在的未履行偿债义务及缴纳税款义务而存在的税务风险，并购企业在调查阶段要对被并购企业的总体运营情况、财务状况、供给市场与销售市场的情况以及一些内部信息进行深入了解。有效且专业的调查团队也同样重要，做好前期调查工作，才能做好应对被并购企业留下来的税务问题，调整并购计划，从而降低相关的税务风险。

3. 选择合适的并购方式

制订合适的并购计划还需要考虑并购的途径，随着BEPS行动计划的推行，并购企业需要更关注为了防止税基被侵蚀与利润转移各国采取的措施与办法，避免不当的股权架构导致税务成本增加。

4. 关注后续税务处理

在并购交易完成之后，在海外的经营要遵守当地的税收法规，遵循当地的税收申报与缴纳程序，按时缴纳税款。关注被并购企业所在国的会计信息披露规定，按照规定进行相应的信息披露，避免引起税务机关的质疑。关注当地对于企业所在行业的税收扶持鼓励政策以及特殊的规定与政策，及时备案以避免错过优惠政策以及逾期缴纳相应的税费。

参考文献

[1] 李彬，潘爱玲. 税收诱导、战略异质性与公司并购 [J]. 南开管理评论，2015，18 (6)：125-135.

[2] 彭新媛. "一带一路"倡议下"走出去"企业国际税收筹划研究 [J]. 中国总会计师，2018 (8)：148-150.

[3] 王文静，褚方圆，刘丽丽. 企业跨境并购税务风险及对策分析——以中国企业"走出去"到哈萨克斯坦为例 [J]. 国际税收，2017 (9)：47-51.

[4] 叶红，尤姜，郑天成，等. 中国企业海外并购的典型税务风险及应对 [J]. 国际税收，2015 (4)：22-26.

[5] Shafik Hebous, Martin Ruf, Alfons J. Weichenrieder. THE EFFECTS OF TAXATION ON THE LOCATION DECISION OF MULTINATIONAL FIRMS：M&A VERSUS GREENFIELD INVESTMENTS [J]. National Tax Journal, 2011, 64 (3).

[6] Ianca C. Tax Implication of Structuring and Financing Mergers and Acquisitions [J]. Theoretical and Applied Economics, 2008, 9 (9)：69.

[7] 王一舒，王卫星，何国民，等. 关于企业海外并购税收风险指标体系及评估模型的构建 [J]. 税务研究，2013 (11)：76-80.

[8] 李松. "一带一路"背景下我国跨境并购企业境外税务风险防范研究 [J]. 商场现代化，2020 (6)：173-174.

[9] 本刊编辑部. 建立与"一带一路"建设相适应的企业财务管理架构 [J]. 中国总会计师，2017 (6)：26-29.

[10] 黄富成，王鹏. 海外并购莫忽视税务风险 [J]. 中国外汇，2011 (22)：18-20.

[11] John D. Phillips. Corporate Tax-Planning Effectiveness：The Role of Compensation-Based Incentives [J]. The Accounting Review, 2003, 78 (3).

[12] Burton D, Levin-Nussbaum A. Tax considerations in M&A Transactions [J]. Thomson ReutersAccelus：Business Law Currents January, 2012, 24：2012.

［13］刘爱军，姚超宇，刘晓玲，等. 农业企业海外并购的税务尽职调查［J］. 海外投资与出口信贷，2018（5）：45－48.

［14］张威威. 浅谈并购重组的企业所得税税务风险［J］. 中国市场，2020（23）：94，98.

［15］龙跃奇. 基于米歇模型的会计信息化发展规律研究［J］. 财会通讯（学术版），2006（10）：108－110.

［16］嵇凤珠，张昊. 制造企业并购后的会计信息系统整合探究［J］. 现代营销（下旬刊），2020（10）：234－235.

［17］刘卫，尹希朦. 泰国企业所得税制对中资企业投资的影响研究［J］. 商业会计，2016（19）：92，96－97.

［18］陈艳涛. 中国企业投资"一带一路"东盟国家的税收筹划研究［D］. 广州：广东财经大学，2019.

产业经济

新冠肺炎疫情对中国医药用品全球价值链的影响*

吴锐泽　闫云凤

（中央财经大学　商学院，北京　100081；
首都经济贸易大学　经济学院，北京　100070）

摘　要： 医药用品行业是关系到人类命运共同体的重要领域，根据世界海关组织和世界卫生组织对医药用品的界定，采用前向和后向分解方法，对中国医药用品相关行业的全球价值链（GVC）进行分解，并分析新冠肺炎疫情对该行业 GVC 的可能冲击。结果表明：短期内中国的防护服、医疗耗材等劳动密集型产品和呼吸机、ECMO 等技术密集型产品的出口量上升，CT 扫描仪、救护车、药品等技术和知识密集型产品还不具有贸易优势，但是新冠肺炎疫苗的研发和生产已是世界领先水平；从中长期来看，防护服、医疗耗材等纺织服装、橡胶塑料制品行业受国外需求影响较大；医疗器械等机械设备行业受国外疫情的影响不大；呼吸机、ECMO 等专用医疗设备行业可能将面临需求端和供给端的双向挤压；药品所在的化学工业及其相关产品行业和救护车所在的运输设备行业面临国外断供的风险较大。为此，中国要培育医药用品的贸易优势、提高国际竞争力和增值能力、注重医药用品全球产业链的稳定性和安全性、推进全球防疫的国际合作。

---

* ［基金项目］全国统计科学研究项目"中国制造业全球价值链核算问题研究"（2020LY084）；北京社会科学基金项目"全球价值链嵌入对京津冀产业转移的影响与升级路径研究"（18YJB012）；北京市教委科研计划一般项目"北京市在全球价值链中的嵌入模式、嵌入程度和升级路径研究"（SM202010038013）。

［作者简介］吴锐泽，男，中央财经大学商学院学生，研究方向：工商管理；闫云凤，女，首都经济贸易大学副教授，博士研究生导师，经济学博士，研究方向：全球价值链与低碳经济。

关键词：公共卫生突发事件　新冠肺炎疫情　医药用品　全球价值链　供给和需求冲击

[中图分类号] F114　　[文献标志码] A　　[文章编号]（2021）01-0160-17

一、引言

自世界卫生组织（WHO）宣布将新冠肺炎疫情列为国际关注的公共卫生突发事件（PHEIC）以来，疫情在全球范围蔓延。据 WHO 报告，截至 2021 年 5 月 20 日，全球确诊人数已经超过 1.6 亿人。面对这一全球性挑战，不少国家的口罩、防护服、呼吸机等防疫物资紧缺。疫情暴发初期，中国部分医药企业的停工停产，危及全球医药产业供应链安全；随着中国疫情得到有效控制，国外疫情蔓延对中国防疫物资的需求上升，这些充分凸显了中国医疗防护产品生产和消费对全球应对疫情的重要性。新冠肺炎疫情的扩散程度之大，影响国家之多，是以前公共卫生事件所不能比拟的，尤其是在各国生产、贸易、投资和服务融为一体的全球价值链（GVC）时代，新冠肺炎疫情不仅增加了贸易的不确定性，而且增加了全球生产分布和价值分布的不确定性，对中国和全球的产业链发展造成一定的影响。

二、文献综述

国内外研究一致认为，新冠肺炎疫情将对世界和中国经济产生很大冲击，但由于情景假设不同，模拟得到的结果差别也很大。佟家栋等（2020）和何诚颖等（2020）都认为全球蔓延的新冠肺炎疫情将对中国和整个世界的宏观经济、价值链、数字经济、国际投资、国际金融市场等产生不同程度的负面影响。陈锡康等（2020）认为，新冠肺炎疫情短期内对中国经济造成很大的冲击，如果短期内疫情得到控制，中国外贸将出现恢复性增长。Duan 等（2020）指出，在短期内，交通、旅游、零售和娱乐等最敏感行业可能会损失高达 18% 的正常产出，中国有 1800 多万家中小企业受到了疫情的严重影响。朱启荣等（2020）采用 GTAP模型评估疫情对中国宏观经济和产业的影响，结果表明：疫情对 GDP、居民收入和消费支出、社会福利、资本净收益率和外贸的负面影响较大，对中国总产出水平的负面影响也比较明显。张晓晶与刘磊（2020）通过在险增长模型将金融风险与经济增长置于统一的分析框架中，研究表明疫情的负面冲击效果主要体现在短期，长期影响较小。周梅芳等（2020）构建 CGE 模型，引入五条疫情冲击路径和三项宏观应对措施进行模拟分析，研究发现：疫情对宏观经济冲击较大，且对就业的冲击要大于对 GDP 的，对内需的冲击要大于对外需的，供给侧冲击是主导影响路径。陈诗一与郭俊杰（2020）从需求和供给两侧分析了新冠肺炎疫情对中国经济的短期和长期影响，在需求侧，经济总需求会随着疫情结束而在短期内快速得到恢复，但疫情也会加大总需求和居民收入增速的下行压力；在供给侧，疫情会降低劳动力资源配置效率、加剧劳动力供需结构矛盾、大幅降低资本投资，并对长期产出带来增长压力。

新冠肺炎疫情还会对全球价值链体系产生巨大冲击。疫情会毁坏 GVC 分工体系的基础，会加速 GVC 重构过程（戴翔，2020），会沿着供应链扩散对全球经济和贸易的影响（Baldwin，2020）。姜佳彤等（2020）认为新冠肺炎疫情对中国关键产业链的冲击主要表现为两个方面：一是对关键产业本身的冲击；二是对关键产业链的冲击，即对其上下游产业的冲击。Guan 等（2020）运用最新开发的全球灾害足迹核算模型，结合全球贸易及产业链数据库，采用情景模拟的方法定量评估疫情对全球 140 多个国家和关键产业链的经济影响，全面地揭示与疫情相关的经济损失将如何在全球供应链中分摊。中国产业链与美国、欧盟、日本和韩国等国家和地区深度融合，这些国家疫情加剧将在短期显著冲击中国工业生产，"滞销"和"断供"的风险双重存在，部分地区出现"无工可复"的现象（赵忠秀与杨军，2020），疫情的扩散将对中国在 GVC 参与度以及长度上造成影响（孟祺，2020）。冯耕中和孙炀炀（2020）的研究表明全球供应链中生产和销售主要环节、物流、资金流的流通均受到疫情的严重影响，但信息流受影响较小。刘志彪（2020）认为疫情会毁坏全球价值链分工体系的基础，但世界上没有一个国家可以将中国产业链完全撇开或替代，未来中国政府应该主动推进全球产业链集群的建设步伐。

上述研究为了解新冠肺炎疫情的冲击、有效抗击疫情提供了指导和借鉴，但大多数研究聚焦疫情对世界和中国总体的经济影响，缺少分行业的研究，尤其缺少与疫情关系最密切的医药用品行业的研究。医药用品行业是关系到人类命运共同体的重要领域，它不仅对中国的经济和社会发展至关重要，而且对全球公共卫生安全有重要影响。中国是医药用品的主要供给和需求方之一，也是最早有效控制新冠肺炎疫情并逐渐恢复生产的国家，维护中国医药用品的生产和消费安全，扩大医疗产品的国际供给，既是承担新冠肺炎疫情防控的国际义务，也是未来中国在国际标准、国际规则调整和重构中获取话语权的重要铺垫（郎丽华与冯雪，

2020)。本文尝试在以下几个方面作出边际贡献：①根据2020年6月世界海关组织（WCO）和WHO的第二版新冠肺炎疫情物资分类，对中国2020年医药用品进出口数据进行解读，分析新冠肺炎疫情对医药用品进出口贸易的影响。②将医药用品分为劳动密集型（PPE）、技术密集型（呼吸机）、知识密集型（疫苗），分析新冠肺炎疫情对不同行业的冲击及其特点，从而提出具有针对性的政策建议。③从前向（生产）和后向（消费）视角对中国医药用品的GVC进行分解，预测新冠肺炎疫情对中国医药用品的需求端和供给端的可能冲击，并从保障产业链安全性和稳定性的视角提出具体政策建议。

三、疫情期间中国医药用品的进出口贸易情况

新冠肺炎的高度传染性、快速蔓延的特性对许多国家卫生系统构成了挑战，潜在的供应链中断可能危及所有医药用品的及时供应。为了协助海关和企业对这些医药用品进行分类，WHO和WCO编制了一份包含用于住院病人一般医疗管理药物的建议HS编码清单——海关优先医药用品清单，2020年6月2日清单更新到第3版（COVID—19医药用品HS分类参考资料3.0版）。清单将与疫情相关的物资分为8类（见表1），清单中所列物资的中断供应可能会导致严重的健康后果。

表1　医药用品分类及2020年中国进出口贸易平衡情况

产品特征	医药用品	中国贸易平衡情况
知识密集型	S1 用于诊断测试的试剂、仪器和设备	顺差
	S3 药品及消毒产品	逆差
技术密集型	S5 CT扫描仪等其他医疗器械和设备	逆差
	S7 救护车、轮椅等车辆	逆差
	S4 呼吸机、ECMO和脉搏血氧计等	顺差
劳动密集型	S2 防护服之类的物品	顺差
	S6 运输和包装用的塑料制品等其他医疗耗材	顺差
	S8 变压吸附（PSA）氧气装置、医疗器具等其他用品	顺差

资料来源：WCO, WHO. HS classification reference for COVID – 19 medical supplies 3.0 Edition.

从短期来看，疫情对中国医药用品的进出口造成了一定影响。从图1中2020年这8类医药用品的进出口情况来看，中国出口2668.08亿美元，比2019年增加113.59%，进口1276.91亿美元，减少2.81%，净出口1391.18亿美元。总体来讲，中国的医药用品贸易处于顺差，是净出口国。但由于我国在这些产品中所具有的竞争优势和贸易模式不同，受疫情的影响也有所不同。在这8类物品防护

用品中，中国处于顺差的有 5 类：S1、S2、S4、S6、S8；处于逆差的有 3 类：S3、S5、S7。具体来讲，与 2019 年相比，2020 年中国医药用品出口增长最多的有 S6、S2、S1。其中，"S6 运输和包装用的塑料制品等其他医疗耗材"，出口增长了 117.57%，净出口增长 1256.82%；"S2 防护服之类的物品"出口增长了 288.07%；"S1 用于诊断测试的试剂、仪器和设备"出口上升了 183.54%，说明受国外疫情日益严重对医药用品的需求增加的影响，加上中国在这些产品的生产和出口上具有竞争优势，所以 2020 年中国的医药用品的出口大幅增加。但是，"S3 药品及消毒产品""S5 CT 扫描仪等其他医疗器械和设备""S7 救护车、轮椅等车辆"等物品，中国仍旧处于逆差。因此，2020 年中国医药用品进出口贸易的增长主要来源于"S1 用于诊断测试的试剂、仪器和设备""S2 防护服之类的物品""S6 运输和包装用的塑料制品等其他医疗耗材"出口的上升。

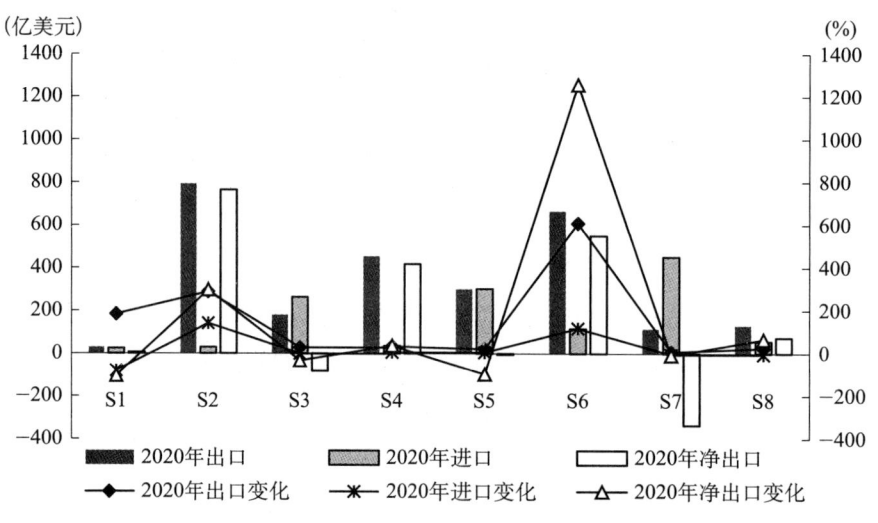

图 1　2020 年中国医药用品进出口贸易情况

数据来源：海关统计数据，http://43.248.49.97/。

从表 1 医药用品分类和图 1 可以看出，8 类防护用品的进出口贸易结构有所不同，"S3 药品及消毒产品""S5 CT 扫描仪等其他医疗器械和设备""S7 救护车、轮椅等车辆"这三类医药用品，我国处于贸易逆差；其中逆差最大的是"S7 救护车、轮椅等车辆"，逆差金额高达 336.45 亿美元。而我国在"S1 用于诊断测试的试剂、仪器和设备""S2 防护服之类的物品""S4 呼吸机、ECMO 和脉搏血氧计等""S6 运输和包装用的塑料制品等其他医疗耗材""S8 变压吸附（PSA）氧气装置、医疗器具等其他用品"这五类物品处于贸易顺差，主要是由塑料制品、口罩等防护服的出口增长带动的，因为塑料制品大量应用于医疗设备、电器和计算机设备,手套、防护面罩等也需要大量塑料原料。总体而言,我国在防护服、医疗耗材等劳动密集型产品和呼吸机、ECMO等技术密集型产品中是贸易顺差,但在CT扫描仪、救护车等技术密集型和药品等知识密集型产品上处于贸易逆差。因此,在技术和知识密集型医药用品的生产和贸易上,中国竞争力不强。

四、新冠肺炎疫情对中国医药用品全球价值链的可能影响

(一)模型和数据来源

1. 模型构建

全球价值链(GVC)是指企业将产品的不同生产环节在不同国家完成,企业专注于特定的任务,而不是生产整个产品,它们在一个国家设计产品,从几个国家采购零部件,然后在另一个国家组装最终产品(World Bank,2020)。在 GVC 体系下,没有一个国家可以独善其身,即使唯一拥有全世界最完备工业体系的中国,部分防护用品或其零部件需要进口。GVC 中各产业之间紧密相连,一个环节受影响,其他环节也相应受影响。各国政府为遏制疫情扩散而采取的措施,从供给端和需求端对全球各行业产生冲击:一是需要从疫情严重国家进口的中间投入品的行业,其进口难度更大、成本更高,这种国外供给侧冲击将沿着供应链不断放大;二是消费者和企业因预防性动机延迟购买和投资而导致的总需求下降或中断,也会沿着产业链不断放大。关于医药用品受到的直接冲击或需求下降的影响,目前还无法获得足够的数据,但可以利用危机前的数据来考察疫情是如何通过供应链传染的。本文利用亚洲开发银行(ADB)的投入产出表,选择与上述 8 类医疗防护用关系最密切的六个行业,从供给和需求端全方位分析新冠肺炎疫情对中国医药用品行业 GVC 的影响。

参考 Wang et al.(2017)的分解体系,对某些国家行业生产按照增加值去向进行前向分解为 4 部分:

$$Va' = \hat{V}BY = \underbrace{\hat{V}LY^D}_{(1)V\_D} + \underbrace{\hat{V}LY^F}_{(2)V\_RT} + \underbrace{\hat{V}LA^F LY^D}_{(3a)V\_GVC\_S} + \underbrace{\hat{V}LA^F(BY - LY^D)}_{(3b)V\_GVC\_C} \quad (1)$$

前向分解关注的是"我为谁所用",即该国该行业产品被谁最终消费,上式中 $\hat{V}LY^D$ 是"纯国内部分",是指被本国最终消费的国内增加值;$\hat{V}LY^F$ 是"传统出口",是指最终品出口且被进口国消费的国内增加值;$\hat{V}LA^F LY^D$ 是"简单 GVC 增加值",是指中间品出口,被直接进口国生产该国消费最终品的增加值;$\hat{V}LA^F$

($BY - LY^D$)是"复杂 GVC 增加值",是指中间品出口,被进口国再出口第三国或返回本国的增加值。前向分解的简单 GVC 和复杂 GVC 增加值之和构成了中间品出口的增加值部分,简称"前向 GVC 增加值",它表示该国该行业向全球出口中间品的程度,其值越高表明该行业越处于 GVC 的上游,国外需求对该行业 GVC 的影响越大。

类似地,也可从国内消费端将一国各行业的最终消费按照增加值来源进行后向分解为 4 部分:

$$Y' = VB\hat{Y} = \underbrace{VL\hat{Y}^D}_{(1)Y\_D} + \underbrace{VL\hat{Y}^F}_{(2)Y\_RT} + \underbrace{VLA^FL\hat{Y}^D}_{(3a)Y\_GVC\_S} + \underbrace{VLA^F(B\hat{Y} - L\hat{Y}^D)}_{(3b)Y\_GVC\_C} \quad (2)$$

后向分解关注的是"谁为我所用",即该国该行业直接或间接购买产品的来源,上式中 $VL\hat{Y}^D$ 是"纯国内部分",来源于本国国内的增加值;$VL\hat{Y}^F$ 是"传统进口",即直接进口的国外最终品;$VLA^FL\hat{Y}^D$ 是"简单 GVC 增加值",指从国外进口零部件,然后由本国制造商将这些零部件组装成本国消费的最终品;$VLA^F(B\hat{Y} - L\hat{Y}^D)$ "复杂 GVC 增加值",指从直接进口国购买的第三国生产的零部件,然后由本国制造商将这些零部件组装成本国消费的最终品。后两项之和是"后向 GVC 增加值",表示该国该行业从全球进口需求中间品的程度,其值越高表明该行业越处于 GVC 的下游,国外供给端对该行业 GVC 的影响越大。

2. 数据来源与说明

根据上述公式,利用对外经济贸易大学 GVC 数据库中的 ADB2018 数据,对中国医药用品的 GVC 进行前向和后向分解。ADB2018 数据为 2017 年的世界投入产出表数据,按照国际标准产业分类(ISIC rev. 3)分为 35 个行业,本文参考周申(2006)的研究,将 WMO 和 WHO 公布的医药用品清单按照海关 HS 两位码、《国民经济行业分类》、ADB 数据库的行业分类相对应(见表 2),选取与医药用品关系最大的六个行业进行研究,这六大行业是:"c4 纺织品和服装""c9 化学及其相关工业产品""c10 橡胶和塑料制品""c13 机械设备""c14 电子和光学设备""c15 运输设备"。

表 2　　　　　　　　　　医药用品行业对应表

WMO 和 WHO 医药用品分类	海关 HS 2 位编码分类	国民经济行业分类	ADB 数据库行业分类
S1	第 30、38、90 章	26 化学原料和化学制品制造业; 27 医药制造业; 35 专用设备制造业	c9 化学及其相关工业产品; c13 机械设备

续表

WMO 和 WHO 医药用品分类	海关 HS 2 位编码分类	国民经济行业分类	ADB 数据库行业分类
S2	第 39、40、61、62、63 章	17 纺织业; 18 纺织服装、服饰业; 29 橡胶和塑料制品业	c4 纺织品和服装; c10 橡胶和塑料制品
S3	第 22、38、30 章	26 化学原料和化学制品制造业; 27 医药制造业	c9 化学及其相关工业产品
S4	第 90 章	35 专用设备制造业	c14 电子和光学设备
S5	第 73、84、90 章	35 专用设备制造业	c13 机械设备
S6	第 30、34、39、40 章	26 化学原料和化学制品制造业; 27 医药制造业; 29 橡胶和塑料制品业	c9 化学及其相关工业产品; c10 橡胶和塑料制品
S7	第 87 章	36 汽车制造业	c15 运输设备
S8	第 73、76、84 章	32 有色金属冶炼和压延加工业; 35 专用设备制造业	c13 机械设备

(二) 疫情对中国医药用品生产和消费的总体影响

从图 2 的中国医药用品的 GVC 分解来看,2017 年中国的 "c4 纺织品和服装"行业生产 2483.86 亿美元,消费 1762.69 亿美元,生产大于消费。从增加值前向分解来看,1415.98 亿美元是国内生产并消费的,最终品和中间品出口增加值占该行业 GDP 的 42.99%,说明出口对中国纺织和服装行业生产的拉动作用非常大。从后向分解来看,纯国内部分占到 88.48%,说明中国纺织品行业生产的国内自足率非常高。但是,由于最终品和中间品出口占到我国该行业 GDP 的 42.99%,国外交通运输受阻、物流体系不畅、限制措施增多等因素会阻碍出口,同时国外疫情导致需求减少,这些因素都会对我国纺织服装生产造成较大冲击。

2017 年中国 "c9 化学工业及其相关产品"行业的生产为 3515.49 亿美元,消费 993.08 亿美元,生产远远大于消费,因为该行业处于 GVC 上游,主要是为其他部门生产和消费提供中间品。从前向分解来看,纯国内部分占 75.19%,说明该行业生产大部分用于国内生产和消费;传统出口 346.55 亿美元,简单和复杂 GVC 增加值共 525.67 亿美元,占该行业 GDP 的 14.95%。从后向分解来看,纯国内部分 717.64 亿美元,传统进口 107.18 亿美元,简单和复杂 GVC 增加值分别为 82.64 亿美元和 85.62 亿美元。由于该行业生产主要供国内消费,目前国内疫情已经得到有效控制,该行业 GDP 受疫情的冲击不会太大;但是随着疫情在国外的蔓延,该行业部分中间品和最终品进口受阻,会影响到中国化学工业及其相关产品行业的消费和生产。

2017年中国的"c10橡胶和塑料及其制品"行业生产1163.43亿美元，消费257.52亿美元，生产大于消费。从增加值前向分解来看，67.19%是国内生产并消费的，传统出口占14.64%，简单GVC和复杂GVC增加值分别占10.76%和7.40%，这说明该行业中国的自给率相对较高。从后向分解来看，33.42%是纯国内部分，53.34%是传统进口，简单GVC和复杂GVC增加值分别占3.63%和9.61%，说明中国橡胶和塑料制品的进口占比较大，且大部分用于最终品的使用。

2017年中国"c13机械设备"的生产为3051.31亿美元，消费3599.00亿美元，生产略小于消费。从前向分解来看，纯国内、传统出口、简单和复杂GVC增加值分别占72.88%、15.27%、6.88%和4.96%；从后向分解来看，纯国内、传统出口、简单和复杂GVC增加值分别占84.88%、8.26%、4.18%和2.67%。这是因为机械设备包含的范围较大，医疗设备占比较小，因此该行业的自给率较高，受国外疫情冲击的可能性较小。

2017年中国"c14电子和光学设备"的生产为4992.35亿美元，消费3788.61亿美元，生产也大于消费，主要是因为中国该行业处于GVC的下游，传统最终品出口远远大于进口。从前向分解来看，纯国内部分占54.05%，传统出口1285.12亿美元，简单和复杂GVC增加值分别是525.26亿美元和483.45亿美元。从后向分解来看，纯国内部分为2541.00亿美元，传统进口增加值仅为107.18亿美元，远小于传统出口增加值，说明中国在该行业GVC的最后加工组装环节，以最终品出口为主；简单和复杂GVC增加值分别为418.98亿美元和721.45亿美元，复杂GVC增加值较大，主要是因为该行业价值链较长，GVC中两次或多次跨越国界的中间品较多。从前向和后向分解的对比来看，中国电子和光学设备消费对GVC的依赖程度较大。在本次新冠肺炎疫情中，由于中国医疗设备生产所依赖的国外供应商遭遇疫情冲击，上游的零部件和中间品供应不足，直接阻碍了呼吸机等医疗设备生产链条的正常运转。

2017年中国"c15运输设备"的生产为3599.00亿美元，消费8046.51亿美元，生产小于消费。从前向分解来看，纯国内部分占84.88%，说明中国该行业的生产主要为了国内消费，传统出口增加值为297.44亿美元。从后向分解来看，纯国内部分为6417.82亿美元，传统进口增加值仅为576.93亿美元，远大于传统增加值出口。在本次新冠肺炎疫情中，中国的救护车、轮椅等最终品需要进口，该行业生产的零部件和中间品也需要大量进口，如果受疫情影响，国外的上游零部件和中间品供应不足，也会直接影响国内运输设备的正常生产和消费。

产业经济

对比六大类行业的 GVC 分解结果,"c4 纺织品和服装"和"c10 橡胶和塑料及其制品"行业的前向增加值占比较大,说明国外消费端对该行业 GVC 的影响较大;"c9 化学工业及其相关产品"后向 GVC 增加值所占比重相对较大,说明国外供给端对该行业 GVC 的影响较大;"c13 机械设备"的生产和消费主要依赖国内,受疫情影响的可能性相对较小;"c14 电子和光学设备"前向 GVC 增加值占生产的 20.21%,后向 GVC 增加值占消费的 30.10%,说明该行业对全球供给和需求的依赖程度都较大,较容易受到国际外部环境的影响和冲击;"c15 运输设备"行业的最终品和中间品都需要大量进口,国外供给端对该行业 GVC 的影响较大。总体来讲,尽管中国医药用品行业主要依赖国内生产和消费,但对 GVC 的依赖程度在不同行业之间存在差异,受到疫情的冲击也会有所不同。从短期来看,疫情暴发可拉动中国医药用品出口,但长期来看,"c13 机械设备"受国外疫情的影响较小;"c14 电子和光学设备"行业将面临需求端和供给端的"双向挤压",受疫情的冲击最大;"c9 化学工业及其相关产品"和"c15 运输设备"行业面临国外断供的风险较大;国外需求的变化对中国"c4 纺织品和服装"和"c10 橡胶和塑料及其制品"行业的影响较大。

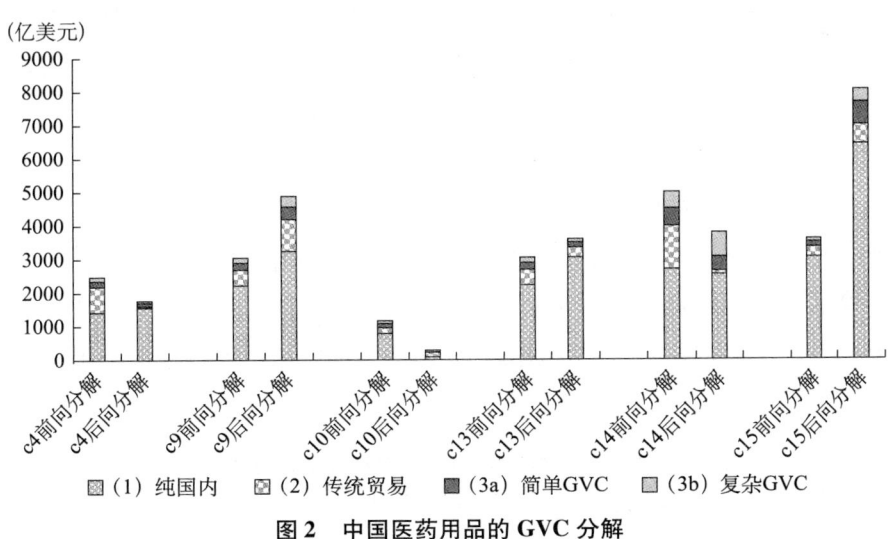

图 2 中国医药用品的 GVC 分解

(三) 来自不同贸易伙伴的影响

将中国医药用品的生产和消费分解到 GVC 贸易伙伴,可以更加清楚地了解各行业上下游环节的国别分布,进一步根据各国疫情的严重程度来判断对中国的可能冲击。从六大行业的前向分解(见表 3)来看,中国"c4 纺织品和服装"

行业前 10 大贸易伙伴出口目的地是美国、日本、俄罗斯、英国、德国、韩国、澳大利亚、加拿大、法国和意大利等发达国家。其中，传统出口前三大目的地是美国、日本和俄罗斯，简单 GVC 出口前三大目的地也是美国、日本和俄罗斯，复杂 GVC 出口前三大目的地是美国、德国和俄罗斯，因此，美国是中国纺织品行业最终品和中间品出口的第一大目的地，虽然日本是中国最终品和中间品出口的第二大目的地，但对德国的复杂 GVC 出口增加值超过了日本。中国"c9 化学工业及其相关产品"行业传统出口前三大目的地是美国、日本和德国，简单 GVC 出口前三大目的地也是美国、日本和印度，复杂 GVC 出口前三大目的地是美国、中国和英国，这说明该行业 14.62% 的增加值是出口到其他国家后又折返回中国的。中国"c10 橡胶和塑料及其制品"行业传统出口前三大目的地是美国、日本和德国，简单 GVC 出口前三大目的地是美国、日本和加拿大，复杂 GVC 出口前三大目的地是美国、中国和德国。中国"c13 机械设备"行业传统出口前三大目的地是美国、日本和德国，简单 GVC 出口前三大目的地是美国、日本和韩国，复杂 GVC 出口前三大目的地是美国、中国和德国。中国"c14 电子和光学设备"行业传统出口前三大目的地是美国、日本和德国，简单 GVC 出口前三大目的地也是美国、日本和韩国，复杂 GVC 出口前三大目的地是美国、中国和德国，该行业有 17.73% 的增加值是出口到其他国家后又折返回中国的。中国"c15 运输设备"行业传统出口前三大目的地是美国、日本和德国，简单 GVC 出口前三大目的地是美国、日本和印度，复杂 GVC 出口前三大目的地是美国、德国和英国。因此，从前向分解来看，美国、日本、德国是中国医药用品出口主要目的地，印度和韩国在中国医药用品价值链中也占有非常重要的地位。此外，"c9 化学工业及其相关产品""c13 机械设备"和"c14 电子和光学设备"生产中有大量增加值是经过贸易伙伴又折返到中国的，说明这三大行业使中国与世界其他国家的联系更为密切。

表3　　　　　　　中国医药用品的前 10 大贸易伙伴前向分解　　　　　　单位:%

		美国	日本	俄罗斯	英国	德国	韩国	澳大利亚	加拿大	法国	意大利
c4	传统出口	18.41	11.32	10.62	4.00	3.55	2.90	2.59	2.49	1.74	1.42
	简单 GVC	7.50	4.69	4.28	1.05	1.38	3.40	4.79	1.66	2.13	0.79
	复杂 GVC	26.14	3.54	4.34	3.40	4.61	2.27	1.43	1.65	3.62	2.37
		美国	日本	中国	德国	韩国	印度	英国	俄罗斯	澳大利亚	巴西
c9	传统出口	20.27	8.92	0.00	4.15	2.43	1.72	2.76	3.61	2.52	1.50
	简单 GVC	18.60	7.23	0.00	2.03	5.42	5.68	1.85	1.87	2.89	3.44
	复杂 GVC	17.15	4.32	14.62	4.65	2.23	2.30	3.12	1.71	1.64	1.37

续表

		美国	日本	德国	中国	加拿大	韩国	澳大利亚	英国	印度	墨西哥
c10	传统出口	21.13	9.57	4.01	0.00	2.20	2.18	2.50	2.65	1.91	1.73
	简单GVC	18.32	6.46	2.04	0.00	4.24	3.95	3.78	2.47	2.83	2.43
	复杂GVC	19.58	3.83	4.60	14.58	2.39	2.07	1.58	3.10	2.29	1.47
		美国	日本	韩国	德国	印度	中国	俄罗斯	印尼	澳大利亚	英国
c13	传统出口	16.66	5.34	3.33	3.62	3.35	0.00	2.62	2.12	2.24	1.71
	简单GVC	22.25	6.55	4.51	2.14	3.84	0.00	2.45	3.50	2.18	1.95
	复杂GVC	16.35	4.12	2.32	4.62	2.61	14.35	1.78	1.44	1.60	3.12
		美国	日本	德国	中国	韩国	英国	澳大利亚	加拿大	印度	荷兰
c14	传统出口	21.15	10.89	4.60	0.00	2.97	1.97	2.07	1.85	2.12	2.53
	简单GVC	21.80	6.54	2.64	0.00	5.31	3.56	3.33	2.71	2.22	1.35
	复杂GVC	18.17	3.84	4.90	17.73	2.06	3.01	1.38	2.40	2.00	1.28
		美国	日本	德国	印度	韩国	俄罗斯	英国	中国	加拿大	澳大利亚
c15	传统出口	12.23	3.97	2.75	1.91	1.84	1.69	2.30	0.00	1.48	1.79
	简单GVC	24.02	5.79	1.91	4.43	4.18	3.72	1.52	0.00	2.55	2.13
	复杂GVC	18.75	3.21	4.36	2.12	1.79	2.13	3.53	11.70	3.08	1.68

从六大行业的后向分解（见表4）来看，中国"c4 纺织品和服装"行业最终品进口前三大来源地是意大利、韩国和印度，简单GVC进口前三大来源地是韩国、日本和美国，复杂GVC进口前三大来源地是中国、美国和日本，因此，意大利和韩国是中国纺织行业最终品进口的主要来源地，但韩国、美国和日本却是中国纺织行业中间品进口的主要伙伴，此外，经过2次以上跨境后再次折返中国的占16.69%。中国"c9 化学工业及其相关产品"行业传统进口前三大来源地是美国、德国和瑞士，简单GVC进口前三大来源地是澳大利亚、韩国和日本，复杂GVC进口前三大来源地是美国、中国和德国。中国"c10 橡胶和塑料及其制品"行业最终品进口前三大来源地是日本、美国和德国，简单GVC进口前三大来源地是韩国、日本和美国，复杂GVC进口前三大来源地是中国、德国和日本。中国"c13 机械设备"行业最终品进口前三大来源地是德国、日本和韩国，简单GVC进口前三大来源地是韩国、日本和中国台湾地区，复杂GVC进口前三大来源地是中国、美国和德国。中国"c14 电子和光学设备"行业传统进口前三大来源地是韩国、日本和中国台湾地区，简单GVC进口前三大来源地是韩国、中国台湾地区和日本，复杂GVC进口前三大来源地是中国、美国和日本，该行业有21.42%的增加值是出口到其他国家后又折返回中国的。中国"c15 运输设备"行业最终品进口前三大来源地是美国、德国和日本，简单GVC进口前三大来源地是日本、韩国和德国，复杂GVC进口前三大来源地是中国、美国和德国。因

此，从后向分解来看，为中国医药用品提供最终品和中间品的主要集中在美国、日本、德国、韩国等地。

表4　　　　　　中国医药用品的前10大贸易伙伴后向分解　　　　　　单位:%

		韩国	美国	日本	中国台湾	中国	澳大利亚	印度	德国	巴西	意大利
c4	传统进口	9.65	2.57	3.92	2.17	0.00	0.58	5.80	1.91	0.02	10.22
	简单GVC	9.19	7.99	8.14	7.75	0.00	6.25	3.16	3.33	5.71	0.66
	复杂GVC	3.85	9.31	5.78	1.73	16.69	2.53	2.79	5.00	1.26	2.07
		美国	德国	日本	韩国	瑞士	澳大利亚	法国	英国	中国	丹麦
c9	传统进口	13.40	9.67	7.43	3.13	8.72	1.52	5.49	5.46	0.00	6.55
	简单GVC	6.10	3.14	6.20	7.40	0.24	8.74	0.94	0.70	0.00	0.22
	复杂GVC	11.60	7.91	4.18	2.23	1.64	2.22	3.56	3.65	9.35	0.64
		日本	美国	德国	韩国	中国台湾	中国	法国	意大利	澳大利亚	英国
c10	传统进口	21.61	18.49	17.30	6.07	5.13	0.00	1.98	3.02	0.66	1.68
	简单GVC	8.74	6.71	3.90	9.39	5.82	0.00	1.08	0.50	6.10	0.77
	复杂GVC	5.69	10.06	7.19	2.83	1.29	11.26	3.65	2.36	2.22	3.26
		德国	日本	韩国	美国	中国台湾	中国	意大利	澳大利亚	法国	英国
c13	传统进口	27.80	18.72	10.68	9.26	7.13	0.00	5.91	0.16	2.42	1.95
	简单GVC	6.06	9.16	9.84	5.22	6.92	0.00	0.90	6.10	1.30	1.36
	复杂GVC	7.09	6.45	3.13	8.56	1.86	14.57	2.91	2.15	3.04	3.15
		韩国	日本	中国台湾	中国	美国	德国	澳大利亚	新加坡	英国	俄罗斯
c14	传统进口	25.60	17.09	10.82	0.00	5.78	6.85	0.08	1.23	0.56	0.09
	简单GVC	15.33	9.25	12.67	0.00	4.06	3.61	4.07	1.79	0.83	1.28
	复杂GVC	5.09	8.54	3.74	21.42	9.32	4.85	1.91	1.57	2.33	2.57
		德国	美国	日本	韩国	中国	英国	法国	中国台湾	澳大利亚	意大利
c15	传统进口	29.50	31.09	13.51	4.31	0.00	7.63	3.94	0.12	0.04	1.91
	简单GVC	9.38	5.35	11.09	9.42	0.00	1.45	2.10	5.80	5.51	0.75
	复杂GVC	8.19	9.86	5.36	2.97	12.40	3.28	3.46	1.75	1.80	3.18

由此可见，中国医药用品行业与美国、欧盟、日本和韩国等国家存在产业链的深度融合，但不同行业的产业链差别很大，疫情的影响不能一概而论。在"c4 纺织品和服装"行业，美欧发达国家最终需求对中国的影响很大，但韩国、日本的中间品投入对中国产业链的影响较大，目前来看，韩国、日本等亚洲国家的疫情得到初步控制，进口中间品投入的供应链受负面冲击相对较小，但是美国新冠肺炎确诊人数不断攀升，欧洲也是疫情的重灾区，欧盟发达国家将从需求端将对

中国纺织和服装行业 GVC 产生冲击。在"c9 化学工业及其相关产品"行业，除欧美发达国家外，印度和巴西对中国该行业的影响较大，截至 2021 年 4 月底，巴西和印度的确诊人数已经分别超过 1000 万人和 2000 万人，这将从需求端对中国化工行业生产链造成很大的冲击；但随着澳大利亚、韩国、日本的疫情控制和复工，进口中间品投入也会相应恢复，断供的风险下降。"c10 橡胶和塑料及其制品"和"c13 机械设备"行业受美国和日本的影响较大，随着这两个国家的疫情受到控制，中国产业链受影响的可能性下降。在"c14 电子和光学设备"行业供应链的地域性比较强，韩国、日本既是中国中间品投入出口目的地和来源地，这些国家的供给和需求冲击都将影响中国该行业 GVC。"c15 运输设备"行业，美国、德国和日本的中间品投入对中国产业链的影响较大，目前来看，这些国家的疫情得到初步控制，进口中间品投入的供应链受负面冲击相对较小。

五、结论和政策启示

新冠肺炎疫情在中国虽然已经得到基本控制，但在海外却在蔓延，短期内难以根本控制。各国对人员流动的限制导致经济活动停滞，对中国医药用品行业来说，短期内进出口贸易受到的影响，长期内产业链也会在需求端和供给端都面临疫情的冲击。本文从前向和后向分解中国医药用品行业的 GVC，了解其上游（国外供给端）和下游（国外需求端）的国别特征，推测新冠肺炎疫情对不同行业 GVC 的可能影响，得出的主要结论有：

（1）国外新冠肺炎疫情的蔓延导致中国医药用品出口大量增加，但主要是口罩、防护服、塑料制品等医疗耗材出口的上升，药品、CT 扫描仪、救护车等还处于逆差。中国在防护服、医疗耗材等劳动密集型医药用品产品上比较具有优势，在以呼吸机为典型代表的技术密集型产品上也有一定的出口市场份额，但在药品等知识密集型产品的贸易上还不具有优势。

（2）尽管中国医药用品行业主要依赖国内生产和消费，但对 GVC 的依赖程度在不同行业之间存在差异，受到新冠肺炎疫情的冲击也会有所不同。从短期来看，新冠肺炎疫情暴发可拉动中国医药用品最终品贸易，但从中长期来看，"c13 机械设备"的国内产业链较为完备，受国外疫情的冲击相对较小；"c14 电子和光学设备"行业将面临需求端和供给端的"双向挤压"，受疫情的冲击最大；"c9 化学工业及其相关产品"和"c15 运输设备"行业面临国外断供的风险较大；国外需求减少对中国"c4 纺织品和服装"和"c10 橡胶和塑料及其制品"

行业的冲击较大。

（3）中国医药用品行业与美国、欧盟、日本和韩国等国家存在产业链的深度融合，但不同行业 GVC 差别很大，疫情的影响不能一概而论。疫情对中国"c4 纺织品和服装""c10 橡胶和塑料及其制品"GVC 的冲击可能主要来自美国、德国、俄罗斯等国家需求的减少；而对"c9 化学工业及其相关产品""c13 机械设备"和"c15 运输设备"的 GVC 冲击更多来自美国、德国、澳大利亚、日本和韩国等国家供给的受阻；"c14 电子和光学设备"行业供应链的地域性较强，韩国、日本和中国台湾等国家和地区的供给和需求冲击都将对中国产生较大影响。

新冠肺炎疫情将会影响全球的产业链、供应链，中国医药用品行业也面临重大挑战，基于上述结论，有以下几点政策建议：

（1）培育中国医药用品的贸易优势。医药用品行业是关系到人类命运共同体的重要领域，中国应将个人防护用品作为疫情期间的贸易重点，进一步扩大该类产品的国际市场份额，要加快关键核心技术攻关，突破技术装备瓶颈，实现高端医疗装备自主可控，补齐中国高端医疗装备短板，继续培育具有潜力的知识密集型产品。

（2）提高医药用品行业的国际竞争力和增值能力。医药用品行业是关乎人民健康、国家战略安全的基础性、公共性战略支柱产业，要加大防疫产品及技术的研发力度，加强对高科技医疗卫生及防疫产业链的投资，增强其国际竞争力。

（3）注重医药用品全球产业链的稳定性和安全性。从应对重大突发公共卫生事件角度规划国家产业链体系的完整性，建立原材料预警机制和国际采购应急机制，及时了解并反馈终端产品对上游产业链的需求，降低短期断供风险；加大对关键性、对外依赖性较高的医疗卫生技术尤其是防疫技术及产品的投入与研发力度；加大对公共卫生医疗体系基础设施的投资，强化公共医疗服务体系的公共化，促进医疗卫生产业相关价值链体系的完整性、稳定性。

（4）推进全球防疫的国际合作。要加强东亚生产网络，加深与日本、韩国之间的全方位、高层次、多元化合作；加强与欧洲的合作关系，做好中欧双边投资协定、自由贸易区、"一带一路"与欧亚互通战略对接；加强和美国的抗疫合作，加强口罩、医疗设备等生产的全球供应链打造，加强治疗方案的合作。面对新冠肺炎疫情的冲击，各国团结合作加快药物、疫苗、检测等方面的科研攻关，加快防疫物资的 GVC 发展。由于产业链、供应链、价值链环环相扣，只要一个环节阻滞，上下游就都无法运转，各国应共同维护全球产业链安全、保障价值链稳定；要形成全球防疫合作体系，促进全球医疗卫生及防疫领域的产业合作；开展广泛的国际合作，推动全球防疫体系及相关国际组织的构建与完善。

参考文献

[1] 佟家栋，盛斌，蒋殿春，等. 新冠肺炎疫情冲击下的全球经济与对中国的挑战 [J]. 国际经济评论，2020（3）：4，9-28.

[2] 何诚颖，闻岳春，常雅丽，等. 新冠病毒肺炎疫情对中国经济影响的测度分析 [J]. 数量经济技术经济研究，2020（5）：3-22.

[3] 陈锡康，杨翠红，鲍勤，等，新冠肺炎疫情对中国经济的影响分析与对策建议 [J]. 中国科学院院刊，2020.

[4] DUANH B，WANG S Y，YANG C H. Coronavirus：limit short - term economic damage [J]. Nature. 2020. 578：515.

[5] 朱启荣，孙明松，杨伟东. 新冠肺炎疫情对中国经济影响的评估：基于GTAP模型的实证 [J]. 统计与决策，2020（9）：1-6.

[6] 张晓晶，刘磊. 宏观分析新范式下的金融风险与经济增长——兼论新型冠状病毒肺炎疫情冲击与在险增长 [J]. 经济研究，2020（6）：4-21.

[7] 周梅芳，刘宇，张金珠，等. 新冠肺炎疫情的宏观经济效应及其应对政策有效性研究 [J]. 数量经济技术经济研究，2020（8）：24-41.

[8] 陈诗一，郭俊杰. 新冠肺炎疫情的经济影响分析：长期视角与短期应对 [J]. 经济理论与经济管理，2020（8）：32-44.

[9] 戴翔. 新冠肺炎疫情下全球价值链重构的中国机遇及对策 [J]. 经济纵横，2020（6）：2，71-79.

[10] BALDWIN R，WEDER B M. Economics in the Time of COVID - 19 [M]. A CEPR Press VoxEU. org eBook. 2020.

[11] 姜佳彤，张蒙，黄颖斐，等. 新冠肺炎疫情对中国产业链的影响及对策：基于关键产业链的初步分析 [J]. 中国科学基金，2020（6）：760-775.

[12] GUAN D，WANG D，HALLEGATTE S. et al. Global supply - chain effects of COVID - 19 control measures [J]. Nature Human Behaviour. 2020（4）：577-587.

[13] 赵忠秀，杨军. 全球"新冠肺炎"疫情对山东经济与产业链的影响及对策 [J]. 经济与管理评论. 2020（3）：5-10.

[14] 孟祺. 全球公共卫生危机对中国参与GVC的影响 [J]. 财经科学. 2020（5）：77-91.

[15] 冯耕中，孙炀炀. 供应链视角下新冠肺炎疫情对经济社会的影响 [J]. 西安交通大学学报（社会科学版），2020，40（4）：42-49.

[16] 刘志彪. 新冠肺炎疫情下经济全球化的新趋势与全球产业链集群重构 [J]. 江苏社

会科学, 2020 (4): 16-23, 241.

[17] 郎丽华, 冯雪. 疫情下如何促进中国医疗贸易发展 [J]. 开放导报, 2020 (3): 79-85.

[18] World Bank. Trading for development in the age of global value chain [R]. World Development Report 2020.

[19] WANG Z, WEI S, YU X, et al. Measures of participation in global value chain and global business cycles [R]. NBER Working Paper. 2017, No. 23222.

[20] 周申. 贸易自由化对中国工业劳动需求弹性影响的经验研究 [J]. 世界经济, 2006 (2): 31-40.

区域经济

邕钦北防城市群打造广西国际海洋"两会一节"的思考*

钟 颖 鄂筱曼

(广西财经学院 工商管理学院,广西 南宁 530003;
广西财经学院 国际经济与贸易学院,广西 南宁 530003)

摘 要: 本文基于会展策划与运营管理理论及产业链理论,依据习近平总书记指导中国会展经济发展的思路与实践、广西政府关于海洋产业和会展业发展的相关文件,以及南宁、钦州、北海、防城港四城市在广西海洋产业发展中的地位,提出打造广西国际海洋"两会一节"的设想,并构建该会展活动的三个子项目:广西海洋资源开发与利用国际研讨会、广西国际海洋设备与工程合作展览会、广西国际海洋旅游文化节。之后通过搜集分析国内典型海洋会展活动的经验,设计了广西国际海洋"两会一节"运作框架,提出了政策建议,供广西政府及相关城市管理者决策参考。

关键词: 广西 海洋产业 会展

[中图分类号] F590.75　　[文献标志码] A　　[文章编号] (2021) 01-0177-11

一、引言

会展一般是指在特定的空间、时间内,为了实现特定目标,通过设定主题、

---

* [基金项目] 2015 年广西哲学社会科学规划研究课题"基于内外向产业融合的广西会展业协同发展研究"(15FGL003);2016 年度广西财经学院工商管理学院学科建设研究课题"基于中国—东盟市场的广西组展企业战略研究"(GSXK-YB-04)。

　[作者简介] 钟颖,男,广西财经学院工商管理学院副教授,研究方向:会展经济与管理、活动项目管理、人力资源管理;鄂筱曼,女,广西财经学院国际经济与贸易学院国际商务系副主任、讲师,研究方向:国际商务、会展经济与管理。

组织多方人员参与等方式而进行的物质交换和人员交流活动。在中国,会展活动涵盖的范围广,除了通常被大众所熟知的展览会和会议之外,还包括各种节庆、赛事、演艺、展厅规划设计等活动。习近平主席在 2017 年达沃斯世界经济年会上的讲话提到:瑞士达沃斯小镇通过举办世界经济年会,以较少的投入获得了很高的产出;党的十八大以来,习近平总书记先后主持或出席了 200 多场国内外会展活动,向 120 多场国内重要会展活动致信祝贺,并亲自指导创办中国国际进口博览会,说明会展活动能显著地推动一个国家或地区经济和社会发展。

中央在 2015 年赋予广西"三大定位",即:构建面向东盟的国际大通道;打造西南中南地区开放发展新的战略支点;形成 21 世纪海上丝绸之路与丝绸之路经济带有机衔接的重要门户。《广西"十三五"规划纲要》提出"打造海洋经济强区"。海洋会展是海洋经济的推进器,海洋经济是海洋会展的晴雨表。海洋经济的持续发展,需要海洋会展发挥资源聚合的作用。重视广西海洋会展项目的研究和开发,积极举办与海洋产业链相关联的会展活动有助于广西创造更好的经济效益和社会效益。地处北部湾经济区的南宁、钦州、北海、防城港四城市(以下简称"邕钦北防四城市")可以通过联合举办广西国际海洋会展活动推动广西海洋产业的发展,在更宽领域、更深层次提升广西海洋经济发展的规模和水平。

海洋产业是指参与开发和利用海洋资源的各种有形物质生产和无形服务提供的组织及活动的总和。产业链是基于一定的技术经济联系,相关产业的组织之间根据价值逻辑关系和供需时空关系形成的链条式形态。产业链中的组织与组织之间普遍存在着互相交换价值和上下游供需对接的关系。通过海洋会展活动,可以快速推动海洋产业链中各相关组织的连接,促进与海洋产业发展有关的人才、信息、物质、资金的汇聚,打造海洋城市品牌,推动地方海洋产业的发展。

二、打造广西国际海洋"两会一节"的意义

(一)打造广西国际海洋"两会一节"的政策依据

打造广西国际海洋"两会一节"的政策依据主要有四个:
《广西"十三五"规划纲要》文件中提到:大力发展海洋船舶和工程装备制造、海洋交通运输、海洋渔业、海洋医药、海洋旅游、海洋能源、海洋服务等海

洋产业①。

《广西 2020 年政府工作报告》文件中提到：全力推进西部陆海新通道建设。推动北钦防开放发展迈上新台阶；壮大向海经济和临港产业；以大项目引领大建设、大平台聚集大产业，推动北部湾经济区在新一轮高水平开放开发中奋力崛起②。

2019 年 11 月广西区党委、区政府《关于加快文化旅游产业高质量发展的意见》文件中提到：加快北部湾国际滨海度假胜地转型升级；集中开发建设北海银滩、涠洲岛和钦州三娘湾、茅尾海以及防城港江山半岛、京族金滩等休闲度假景区；打造具有国际水平的亚热带滨海度假和海上运动休闲胜地③。

2019 年广西发改委、广西商务厅、广西博览局联合发布的《广西会展业发展三年行动计划》（桂发改贸服〔2019〕647 号）中提到：打造具有一定国际影响力的品牌展会 3 个、具有较大区域影响力的展会 5 个以上，广西成为全国重要的会展基地、中国—东盟重要会议目的地。

（二）打造广西国际海洋"两会一节"的意义

每年举邕钦北防四城市之力举办广西国际海洋"两会一节"，以此"两会一节"为平台，整合和聚集国内外海洋产业链的人、财、物、信息等资源，推动国内外参与海洋产业研发、生产、物流、贸易、投资、服务等企业或机构落户邕钦北防四城市，推动广西海洋生产总值占广西生产总值比重逐年提高，使邕钦北防四城市成为我国西南地区现代化国际港口集聚地、海洋资源综合利用示范基地、国际区域海洋船舶和海洋工程制造中心、著名国际滨海旅游目的地、高水平海洋科技研究和应用基地，成为海洋经济发达的城市群，促进广西海洋经济的发展。

三、打造广西国际海洋"两会一节"的路径

（一）广西国际海洋"两会一节"的板块设计

根据打造广西国际海洋"两会一节"的政策依据和意义，可以把广西国际

---

① 广西南宁市发展和改革委员会. 广西壮族自治区国民经济和社会发展第十三个五年规划纲要 [EB/OL]. (2016 - 04 - 15). http：//fgw. nanning. gov. cn/fggz/fzgh/t109932. html.
② 广西壮族自治区人民政府门户网. 2020 年政府工作报告（全文）[EB/OL]. (2020 - 01 - 19). http：//www. gxzf. gov. cn/sjkhd/sy_ 29797/yw_ 29799/t1227030. shtml.
③ 广西壮族自治区文化和旅游厅网. 中共广西壮族自治区委员会 广西壮族自治区人民政府关于加快文化旅游产业高质量发展的意见 [EB/OL]. (2019 - 11 - 12). http：//wlt. gxzf. gov. cn/zwgk/wjzl/t8901896. shtml.

海洋"两会一节"分解为三个会展项目,分别是"广西海洋资源开发与利用国际研讨会""广西国际海洋设备与工程合作展览会""广西国际海洋旅游文化节",如图1所示。

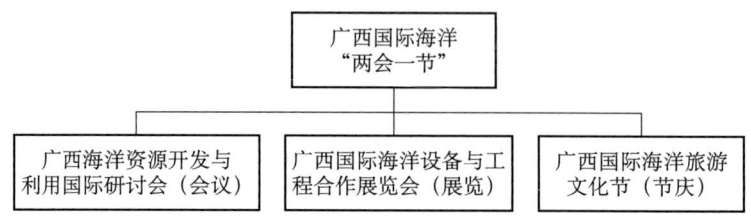

图1 广西国际海洋"两会一节"项目分解

(二)打造广西国际海洋"两会一节"的路径

打造广西国际海洋"两会一节"的路径如图2所示。

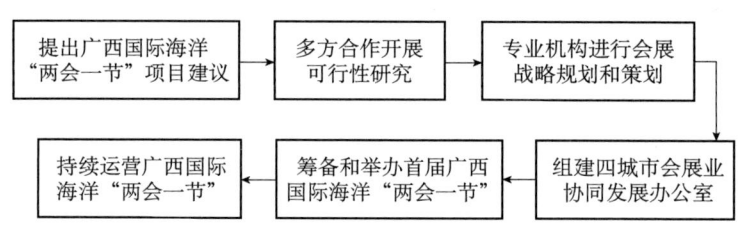

图2 打造广西国际海洋"两会一节"的路径

具体包括:

(1)复旦—广西海上丝绸之路与广西区域发展研究院(以下简称"研究院")向广西壮族自治区人民政府提出广西国际海洋"两会一节"的项目建议;

(2)邕钦北防四城市与研究院共同组建广西国际海洋"两会一节"研究小组,进行可行性研究;

(3)委托专业结构对广西国际海洋"两会一节"进行战略规划和首届会展活动策划;

(4)组建邕钦北防四城市会展业协同发展办公室(常设机构)筹备首届广西国际海洋"两会一节";

(5)政府主导、市场主体参与,执行首届广西国际海洋"两会一节";

(6)政府主导,品牌化、市场化、国际化,持续运营广西国际海洋"两会一节"。

四、国内典型海洋会展活动的经验

(一) 中国海洋经济博览会

中国海洋经济博览会被称为"中国海洋第一展",是国家级、国际化的海洋博览会,简称"海博会",该展会的定位是:成为开辟中国乃至世界海洋经济发展前沿成果的展示窗口,搭建中外海洋产业交流合作平台,打造享誉世界的海洋展会品牌,为海洋强国战略实施提供有力支撑。国家主席习近平为2019年海博会发了贺信。2019年海博会以"蓝色机遇,共创未来"为主题,举办地为深圳,展期从10月14—17日,历时4天,该展会设置海洋资源开发和海工装备展区、船舶及港口航运展区、海洋新兴产业展区三大板块,展示国内外海洋经济发展成就及最新成果。展会涉及海洋产业上下游30余个细分行业。展览总面积近4万平方米。来自21个国家的455家企业参展,首发新技术新产品432项。展会举办了12场海洋经济高端论坛。展会期间成立了蓝色经济国际联盟,170多家中外企业报名加盟。深圳希望将海博会打造成为国际一流的海洋经济合作交流平台,并计划建设全球海洋中心城市,集聚一批全球海洋高端人才、高端企业、高端资源[1]。

(二) 中国国际海洋产业博览会

中国(海南)国际海洋产业博览会亦是国家级展会。第十一届展会于2019年11月29日在海口举办,主题为"经略海洋,筑梦深蓝",展会历时3天,共吸引了来自俄罗斯、美国、加拿大等国家和地区的240余家企业参展,其中有5家世界500强企业,展出面积2万余平方米,有1千余名国内外专业观众现场采购商洽。本届展会特设海洋科技与信息展区、深海能源及海工装备展区、海洋特色旅游展区+市县展区[2]。展会同步举办了以"从'蔚蓝'走向'深蓝',构建蓝色经济新格局"为主题的中国(海南)海洋产业发展论坛。目前,该展览会的规模有待进一步提升。

---

[1] 中国新闻网. 2019中国海洋经济博览会闭幕取得五大成果 [EB/OL]. (2019-10-17). https://baijiahao. baidu. com/s? id=1647653974755342020&wfr=spider&for=pc.

[2] 中国日报网. 第十一届中国(海南)国际海洋产业博览会开幕 [EB/OL]. (2019-11-29). https://baijiahao. baidu. com/s? id=1651538702465825458&wfr=spider&for=pc.

(三) 厦门国际海洋周

2019年厦门国际海洋周由国家自然资源部、厦门市政府等机构主办，于11月举行，历时7天，主题为：发展蓝色伙伴关系，构建海洋命运共同体。经过13年的打造，厦门海洋周已成为围绕海洋产业，集高端论坛、专题展览、文化活动于一体的国际性年度海洋会展活动。2019年海洋周突出海洋产业对接，举办了8场产业对接会。2019年海洋周的会展活动包括国际潜水救捞与海洋工程装备展、海洋科技成果转化洽谈会、休闲渔业博览会、中国休闲渔业高峰论坛、国际游艇展等。2019年海洋周亦将海洋文化科普与嘉年华活动有效融合，提出"厦门因海洋周更精彩"的口号，开展水上运动赛事及体验活动、海洋文化游、休闲渔港小镇及海丝民俗文化活动等，并推出"趣赶海""乘海浪""寻海味""去研学""来度假"5条海洋精品旅游线路，促进海洋文旅产业发展①。

(四) 世界海洋大会

世界海洋大会每年选择不同的城市举办。2018年主题为"同一个海洋，同一个梦想"的第七届世界海洋大会在中国威海召开。2019年主题为"关爱海洋，分享未来"的第八届世界海洋大会在厦门召开。第八届世界海洋大会由中国渔业协会、中国航海学会、中国船舶工业行业协会、科学技术部国外人才研究中心共同主办，中国海洋工程咨询协会、中国海事仲裁委员会、厦门市海洋发展局、大连海事大学、大连海洋大学、丹麦海事局协办。来自30多个国家和地区的海洋领域专家、学者、企事业单位代表等共计300人参会。本届大会设置主题论坛、高端对话、平行论坛、项目对接、参观考察等活动，共包含12场论坛，100多个主题演讲。大会内容涵盖海洋经济、海商法、海洋工程、海洋清洁能源、港口物流与航运、海洋环境保护、海洋渔业、海洋生物产业、海产品加工业、藻业等热点议题，探讨新形势下海洋产业发展的机遇与挑战②。

(五) 青岛国际帆船周·青岛国际海洋节

青岛国际帆船周从2009年起举办，目前已成为亚洲最大的帆船主题活动。

---

① 自然资源部.2019厦门国际海洋周即将启幕［EB/OL］.(2019-11-02).http://www.gov.cn/xinwen/2019-11/02/content_5447807.htm.

② 人民网.2019第八届世界海洋大会在厦门举行 关爱海洋分享未来［EB/OL］.(2019-11-02).http://fj.people.com.cn/n2/2019/1102/c181466-33499791.html.

中国青岛国际海洋节创始于1999年,现已成为促进全球海洋科技、滨海旅游、海洋文化、水上运动等领域沟通合作的平台,海洋节通过丰富的活动吸引着八方宾朋,促进了青岛市旅游业发展。从2014年开始,青岛国际帆船周与青岛国际海洋节合并举办,简称"帆船周海洋节"。2019年青岛帆船周海洋节于2019年8月9日至8月18日在青岛奥帆中心举办,旨在打造青岛"帆船之都"城市品牌,凸显青岛开放、现代、活力、时尚的国际大都市风貌,这一年的主题是"传承奥运,扬帆青岛;帆船之都,乘风启航"。2019年青岛国际帆船周·青岛国际海洋节突出"七赛一营",涵盖七大板块、约50项赛事,涉及交流、文体、商贸等多个领域[①]。

(六)中国海洋文化节

第十届中国海洋文化节于2018年6月8日在浙江舟山市举办,历时3天,这届海洋文化节由中国自然资源部、浙江省人民政府主办,舟山市人民政府、浙江省海洋与渔业局、中国海洋报社、国家海洋局宣传教育中心等联合承办。文化节主要活动包含开幕式、海上丝绸之路沿线国家及岛屿国家海洋空间规划国际论坛、闭幕式休渔谢洋大典,以及海洋文化精品展演《印象·普陀》、2018"沧海颂"中国海洋画作品展、舟山海洋艺术精品展、"hand in hand"手拉手国际儿童音乐节等四大配套活动。这届文化节把第十个世界海洋日活动、第十一个全国海洋宣传日活动、第十届中国海洋文化节整合在一起,"三节"合办,共享活动资源,突出浙江省、舟山市在海洋产业及海洋文化的国际影响力[②]。

(七)大连海洋文化节

2019年大连海洋文化节于2019年6月至10月举办,时间跨度4个月,该文化节围绕与海洋有关的文化、科普、体育、产业、旅游、美食、保护、科技八大板块进行18项系列活动,活动围绕国家建设海洋强国的战略部署,落实新时代海洋建设新要求,弘扬海洋精神,传播海洋文化,形成全民关心海洋、认识海洋、经略海洋的良好社会氛围。文化节组委会积极打造大连本土的经典原创活

---

① 中国日报网. 2019第十一届青岛国际帆船周·青岛国际海洋节盛大开幕[EB/OL].(2019-08-11). https://baijiahao.baidu.com/s?id=1641531373867002552&wfr=spider&for=pc.
② 腾讯大浙网. 奋进新时代扬帆新海洋 第十届中国海洋文化节于浙江舟山开幕[EB/OL].(2018-06-09). https://zj.qq.com/a/20180609/010779.htm.

动,使"大连海洋文化节"成为大连市人民的节日①。

五、广西国际海洋"两会一节"的运作框架设计

(一) 运作框架设计的方法

采用"七何检讨法",即"5W+2H"框架(何事 What、何时 When、何地 Where、何因 Why、何人 Who、何为 How、何价 How Much),对广西国际海洋"两会一节"的运作框架进行设计。"七何检讨法"的内容及释义,如表1所示。

表1 "七何检讨法"及解释

"七何检讨法"	解释
Why	为什么要举办这个活动?
What	活动的主题和内容是什么?
When	活动在什么时候举行?
Where	活动在哪里举行?
Who	什么人和机构参加?
How	怎样举行活动?
How Much	活动涉及多少经费?或有哪些资源保障?

(二) 运作框架设计

1. 为什么要举办广西国际海洋"两会一节"

通过打造在国内外具有品牌影响力的广西国际海洋"两会一节",以此会展活动为平台,将广西邕钦北防四城市打造成为国内外海洋产业资源在中国西南地区的核心聚集地,进而推进广西海洋产业提速发展。广西国际海洋"两会一节"的宗旨或使命可以是:聚集全球海洋产业资源,吸引五洲宾客,推动邕钦北防四城市海洋产业发展。

2. 广西国际海洋"两会一节"的主题和内容

广西国际海洋"两会一节"分解为三个项目:广西海洋资源开发与利用国际研讨会、广西国际海洋设备与工程合作展览会、广西国际海洋旅游文化节。首届研讨会的主题为"广西海洋资源开发和利用国际合作";首届展览会的主题为"港口建设与物流连通";首届国际旅游文化节的主题是"海豚探秘·金滩赶

---

① 搜狐网. 2019 年 6.8 世界海洋日暨全国海洋宣传日大连第三届海洋文化节开幕 [EB/OL]. (2019 - 06 - 09). https://www.sohu.com/a/319420574_117600.

海·银滩逐浪"。各会展项目的内容可从名称和主题上进一步延展扩充。

3. 广西国际海洋"两会一节"的时间

选择在 8 月中上旬举办广西国际海洋"两会一节"。此时间可与钦州三娘湾国际海豚节、北海开渔节、防城港开海节的时间对接起来，整合三地的节庆活动资源，利用暑期广西滨海游客人数多的优势，做大做强广西国际海洋旅游文化节。依靠广西国际海洋旅游文化节的超强人气，同期举办广西海洋资源开发与利用国际研讨会、广西国际海洋设备与工程合作展览会，国际研讨会历时 2 天（其中，1 天全体会议，1 天分组会议），展览会历时 4 天（其中，3 天对专业观众开放，1 天对公众开放）。选择 8 月中上旬举办广西国际海洋"两会一节"，亦考虑与中国海洋经济博览会、中国国际海洋产业博览会、厦门国际海洋周等国内重要海洋会展活动错时举办，以利于广西国际海洋"两会一节"的嘉宾邀约、参展商、专业观众、媒体记者、游客等的邀请。虽然广西国际海洋"两会一节"与青岛帆船周海洋节在时间上接近，但这两个海洋综合性会展活动一南一北，定位不同，资源不同，各具特色，能满足国内外不同客商的需要，也易于这两个会展品牌的联系和推广。

4. 广西国际海洋"两会一节"的地点

研讨会的地点选择南宁市，理由是：南宁是中国—东盟博览会的永久举办地、北部湾经济区核心城市，交通和服务业发达，会议设施和展览会设施好，驻南宁市的东盟十国的外交机构和商务机构多。广西国际海洋"两会一节"的旅游文化节主会场每年轮流设置在钦州市、北海市、防城港市，在此三城市中非主会场城市的其他城市设立分会场，主分会场之间规划便捷的交通路线和安排公共交通工具，让宾朋当天能在几个城市之间顺畅往来。

5. 参加广西国际海洋"两会一节"的人员和机构

广西海洋资源开发与利用国际研讨会主要邀请国内外相关政府机构负责人、海洋资源开发与利用的著名企业或机构的负责人，国内外知名海洋专家，媒体记者，相关研究人员、学者等参会，首届研讨会建议规模为参会人员 300 人；广西国际海洋设备与工程合作展览会主要邀请中国、东盟十国、"一带一路"沿线其他国家或地区的相关企业、机构参展参会，首届展览会建议规模为 5 万平方米；广西国际海洋旅游文化节主要邀请和吸引国内游客、丝绸之路经济带沿线国家游客到广西进行滨海体验和旅游休闲。

6. 怎样举办广西国际海洋"两会一节"

按照"政府主导、社会参与、市场运作、以会展养会展"的理念，广西国际海洋"两会一节"可邀请国家多部委联合主办，并积极申报争取立项为国家级会展活动。广西国际海洋"两会一节"各项目的策划及承办可向社会公开招标，由企业提供策划和执行服务；政府全程指导和监控各项活动的开展过程和完成情况，并严格按政企双方订立的契约，把控各项目的进度和质量，使广西国际海洋"两会一节"在政府力量和市场力量的综合作用下，其发展具有可持续性。

7. 广西国际海洋"两会一节"的经费和资源保障

广西政府、邕钦北防四城市政府作为广西国际海洋"两会一节"的主导者和主要受益者，可从邕钦北防城市群长远发展角度考虑，制定此会展活动的框架计划，配备相应财政预算，同时依循"多方共赢"的原则，充分调动国有及民营会展企业、国有及民营旅游企业、相关行业协会、相关产业联盟等市场主体参与此会展活动策划和执行的积极性，利用活动冠名、广告点位开发、联合办会展、指定产品或服务等招商手段，争取资金、物资、服务赞助；在此会展活动实施过程中，邕钦北防四城市的政府尽力协调海关、商检、工商、交通、物流、安保、环卫、食品、外办、海事等部门的工作，为广西国际海洋"两会一节"的持续举办提供资源保障。

六、政策建议

（一）充分利用会展活动的虹吸效应和溢出效应推动广西海洋产业的发展

邕钦北防四城市距离很近，海洋资源丰富，有较好的海洋产业基础，且享有很多好的国家政策和广西政策，因此有条件围绕产业、资源、投资、贸易、服务、人文合作与交往等需求，实施海洋会展活动，通过持续打造品牌会展活动，以需求牵引供给，以供给创造需求，促进海洋产业链优质资源落地广西，使广西海洋经济得以更快发展。

（二）以广西国际海洋"两会一节"为平台，服务国家"双循环"战略

邕钦北防四城市毗邻越南等东盟国家，与粤港澳大湾区近在咫尺，应努力使广西国际海洋"两会一节"成为中国面向东盟国家，围绕海洋产业发展的国际交流合作平台、对外开放窗口，为"畅通国内大循环，促进国内国际双循环"的国家战略服务。

（三）广西国际海洋"两会一节"列入广西北部湾经济区规划建设的内容

邕钦北防四城市各具优势，南宁市是北部湾经济区的核心城市，钦州市在孙中山先生的《建国方略》中被提到有望成为南方第二大港，北海市是古代"海上丝绸之路"的重要起点，防城港是北部湾畔唯一的全海景生态海湾城市且拥有中国西部地区第一大港。广西北部湾经济区规划建设应包括会展平台建设等内容，以广西国际海洋"两会一节"等会展平台将四城市的软硬环境建设协同串联起来。

（四）邀请专业机构开展广西国际海洋"两会一节"可行性研究和方案设计

建议邀请复旦—广西海上丝绸之路与广西区域发展研究院、商务部中国会展经济研究会、广西国际博览事务局、广西国际博览集团、广西财经学院（会展经济与管理专业）等单位共同开展广西国际海洋"两会一节"可行性研究和方案设计。

参考文献

［1］钟颖，李小红，兰铁民．会展理论与实务［M］．辽宁：东北财经大学出版社，2014．

［2］金台临．论海洋文化与海洋产业发展——以浙江台州为例［J］．吉林工商学院学报，2016（1）：20 - 23．

［3］杜媛媛，肖建红，张志刚．海洋产业集群和产业关联研究——以中国三大海洋经济示范区为例［J］．青岛大学学报（自然科学版），2015（12）：91 - 96．